ROUTE 66

AUF 2451 MEILEN VON CHICAGO NACH SANTA MONICA

66
DINER

ROUTE 66

AUF 2451 MEILEN VON CHICAGO NACH SANTA MONICA

AUTO REPAIR

Coke
Coca-Cola

ROUTE
66
KANSAS
US
66
MISSOURI
US
66
ILLINOIS
US
66
OKLAHOMA
NEW MEXICO
US
66
TEXAS
US
66
ARIZONA

ZU DIESEM BUCH

Diese Straße ist eine amerikanische Legende: Die »Route 66« steht für Freiheit, Aufbruch und Abenteuer. Ab dem Jahr 1926 verband die kurvige Landstraße Chicago mit Santa Monica ganz im Westen der USA. Bis dahin waren die Siedler in ihren Planwagen und später Automobilen auf oft unbefestigten Wegen mitten durch die Prärie gerumpelt. Nun verband man die vorhandenen Teilstrecken. Erstmals gab es eine feste Straße durch Wüste und Rocky Mountains. Schließlich wand sich die Route 66 auf 3940 Kilometern quer durchs Land. Cyrus Stevens Avory gilt als Begründer der Fernstraße, die bereits im Jahr 1938 komplett asphaltiert war. Den Aufbruch armer Landarbeiter, getreu dem Motto »Go West!« und getrieben von der Hoffnung auf ein besseres Leben, beschreibt niemand besser als John Steinbeck im Roman »Früchte des Zorns«. Der gleich-

namige Film von 1940 begründete das Genre des Roadmovies und machte die Route 66 zur weltberühmten Legende. Doch schon wenige Jahre später genügte die kurvenreiche Straße dem wachsenden Fernverkehr nicht mehr. Heute verläuft der moderne Interstate Highway parallel zur alten Route 66. Diese verfällt zusehends. Doch Original-Tankstellen, -Restaurants und skurrile Unterkünfte halten den Mythos des Wilden Westens hoch und ziehen Touristen aus der ganzen Welt an.

Der Bildband stellt in grandiosen Aufnahmen und kenntnisreichen Texten die Sehenswürdigkeiten entlang der Route 66 vor, führt aber auch zu einigen Zielen, die einen Abstecher von der Straße lohnen. Pulsierende Metropolen wechseln sich so mit menschenleeren Landstrichen und großen Naturwundern ab.

Die Route 66 führt auch durch das Gebiet vieler Indianerstämme, die ihre Kultur bei sogenannten Powwows ehren. Traditionell orientierte Ureinwohner reisen zum Powwow, um die alten Zeiten wiederauferstehen zu lassen, zu singen, zu tanzen und zu beten.

INHALT

Oben: Die Ruinen des Pueblo sind etwa 800 Jahre alt und Teil des Wupatki National Monument in Arizona.

Bilder auf den vorherigen Seiten:

S. 2/3 und S. 6/7: Früher war das 66 Diner in Albuquerque eine Tankstelle mit Werkstatt, in den 1980er-Jahren wurde es in ein Retro-Diner im Stil der 1950er-Jahre umgestaltet und ist heute eine Ikone und ein beliebter Touristenspot an der Route 66.

S. 4/5: Sie sind ein alltäglicher Begleiter an der Route 66: Verlassene Tankstellen, Kioske und Roadhouses bestimmen vielerorts das Bild am Straßenrand und berichten von einer Zeit, als die Strecke noch weitaus mehr befahren war.

S. 8/9: Der Grand Canyon ist rund 1700 Meter tief, bis zu 30 Kilometer breit und etwa 450 Kilometer lang. Der Blick in die Riesenschlucht mit ihren vielfarbig abgesetzten Rippen, Kanzeln und frei stehenden Zeugenbergen ist überwältigend.

DIE ROUTE 66

Die Route 66, die erste durchgehende Straßenverbindung zwischen Chicago und Los Angeles, weckt bis heute nostalgische Gefühle. Die knapp 4000 Kilometer lange Strecke ist Synonym für Freiheit und Weite, Straßenkreuzer und Easy Rider, Neonreklame und Diners – kurz: das Sinnbild einer Nation, deren Lebensgefühl geprägt ist vom Unterwegssein. Die legendäre Strecke führt durch die Bundesstaaten Illinois, Missouri, Kansas, Oklahoma, Texas, New Mexico und Arizona, bevor sie am Santa Monica Pier in Kalifornien ihr Ende findet.

Neonleuchtreklame im Nob Hill District von Albuquerque in New Mexico verweist auf den Glanz und Glamour, den die Route 66 einst versprühte.

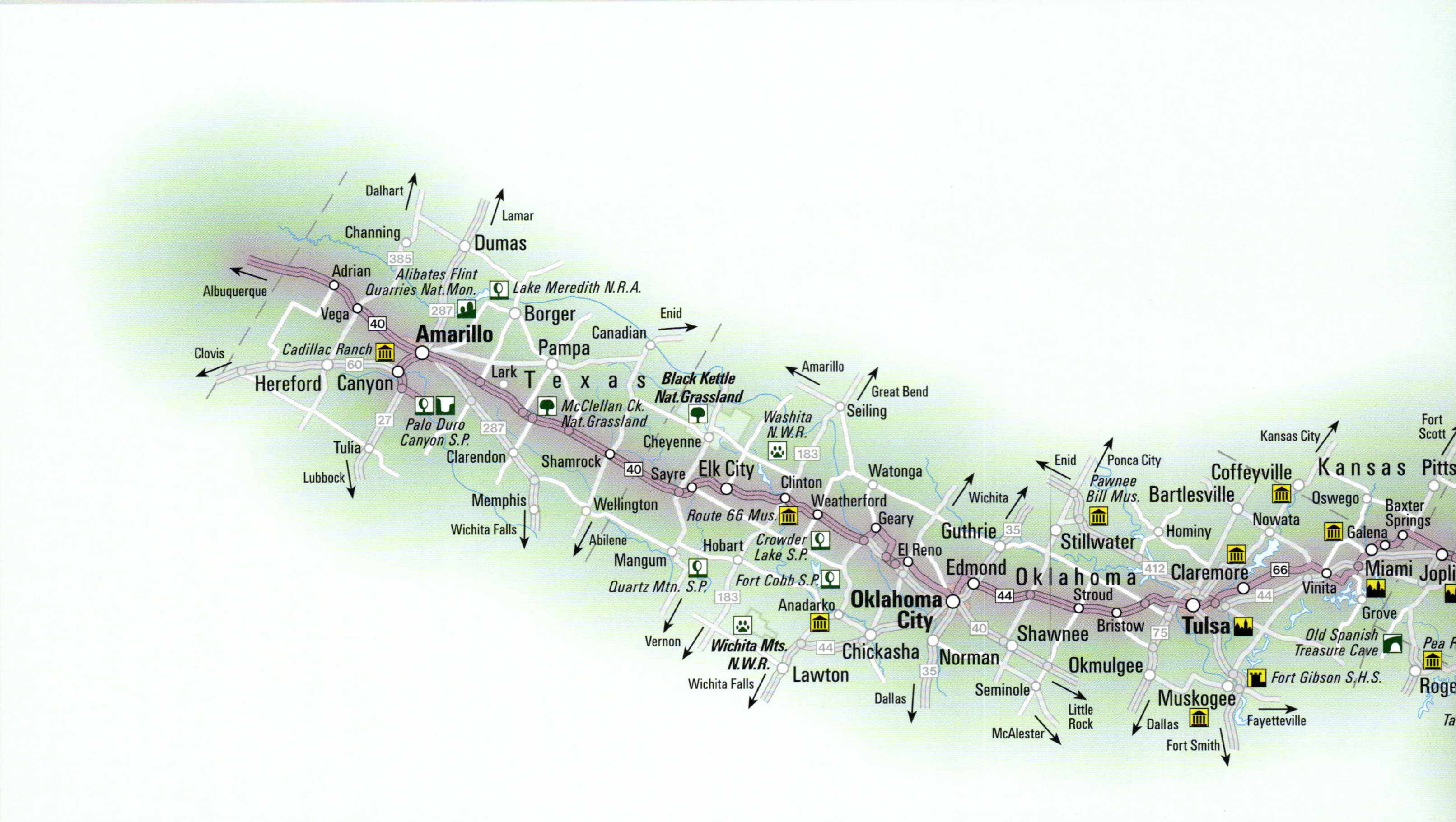
Dalhart
Lamar
Channing
Dumas
Albuquerque
Adrian
Alibates Flint Quarries Nat.Mon.
Lake Meredith N.R.A.
Vega
Borger
Enid
Canadian
Clovis
Cadillac Ranch
Amarillo
Pampa
Hereford
Canyon
Lark
Texas
Black Kettle Nat.Grassland
Amarillo
Great Bend
Seiling
Palo Duro Canyon S.P.
McClellan Ck. Nat.Grassland
Washita N.W.R.
Cheyenne
Tulia
Clarendon
Shamrock
Sayre
Elk City
Clinton
Watonga
Enid
Ponca City
Kansas City
Fort Scott
Lubbock
Pawnee Bill Mus.
Coffeyville
Kansas
Pitts
Memphis
Wellington
Weatherford
Wichita
Bartlesville
Oswego
Baxter Springs
Route 66 Mus.
Geary
Guthrie
Stillwater
Hominy
Nowata
Galena
Wichita Falls
Abilene
Hobart
Crowder Lake S.P.
El Reno
Miami
Joplin
Mangum
Edmond
Oklahoma
Claremore
Vinita
Quartz Mtn. S.P.
Fort Cobb S.P.
Oklahoma City
Stroud
Grove
Anadarko
Bristow
Tulsa
Old Spanish Treasure Cave
Pea R.
Vernon
Wichita Mts. N.W.R.
Chickasha
Shawnee
Norman
Okmulgee
Fort Gibson S.H.S.
Roge
Wichita Falls
Lawton
Seminole
Dallas
Muskogee
Little Rock
Dallas
Fayetteville
McAlester
Fort Smith
Ta.

Tonopa
Las Vegas
Hoover Dam
Marble Can.
Boulder City
Lake Mead N.R.A.
Grand Canyon N.P.
Colorado
Ridgecrest
Mountain Pass
Nevada
Grand Canyon
Mojave
Four Corners
Calico Ghost Town
Baker
Mojave National Preserve
Peach Springs
Cameron
Palmdale
Mojave Desert
Grand Canyon Caverns
Wupatki Na.
Santa Barbara
Sacramento
Barstow
Kingman
Ash Fork
Sunset Cra. Nat.Mon.
Oxnard
San Gabriel Mts.
Victorville
Ludlow
Hualapai Mt. Park
Santa Monica
Hollywood
Pisgah Crater
Amboy
Needles
Flagstaff
LOS ANGELES
San Bernardino
Amboy Crater
Arizona
Walnut Canyon Nat.Mon.
Meteor Crater
Anaheim
Riverside
Twentynine Palms
Lake Havasu City
Prescott
Vidal Junction
Joshua Tree N.P.
Phoenix
Mission San Juan Capistrano
Palm Springs
Yuma
Phoenix
California
Oceanside
Escondido
Yuma
SAN DIEGO
Tijuana (MEX)

N
Milwaukee
Six Flags Great America
Waukegan
Madison
Michigansee
Holland
Davenport
Elgin
Des Plaines
Des Moines
Aurora
Ottawa
CHICAGO
Benton Harbor
Detroit
La Salle
Joliet
Gary
Michigan
Davenport
Wilmington
Chautauqua N.W.R.
Peoria
Chicagoland Speedway
Pontiac
Crown Pt.
Cleveland
Davenport
Kankakee
Fort Wayne
Lincoln's New Salem S.H.S.
Morton
Beardstown
Quincy
Illinois
Indiana
Lincoln
Bloomington
Indianapolis
Clinton
Hannibal
Kansas City
Rantoul
Sedalia
Kansas City
Clarence Cannon N.W.R.
Jacksonville
Springfield
Champaign
Lake of the Ozarks
Jefferson City
Pere Marquette S.P.
Decatur
Indianapolis
Mississippi
M.Twain N.W.R.
Carlinville
Taylorville
Mattoon
ansas City
Missouri
Preston
Deutschheim S.H.S.
St.Charles
Jerseyville
Stockton S.P.
Camdenton
Pana
Bolivar
Missouri
Drake
Route 66 S.P.
Vienna
St.Louis
Edwardsville
Vandalia
Indianapolis
Lebanon
Stanton
Springfield
Meramec Caverns
Rolla
Cahokia Mounds S.H.S
Eldon Hazlet S.P.
ernon
Marshfield
Waterloo
Onondaga Cave S.P.
Fort de Chartres S.H.S.
Nashville
urora
Salem
Ozark Plateau
Kaskasia R. St.Fish and Wildlife Area
Evansville
Mark Twain Nat.Forest
Park Hill
Fort Kaskasia S.H.S.
Houston
Mountain Grove
Branson
Fort Davidson S.H.S.
Memphis
nsas
Memphis
Mountain View
Ozark Nat.Scenic Riverways
Little Rock
Poplar Bluff

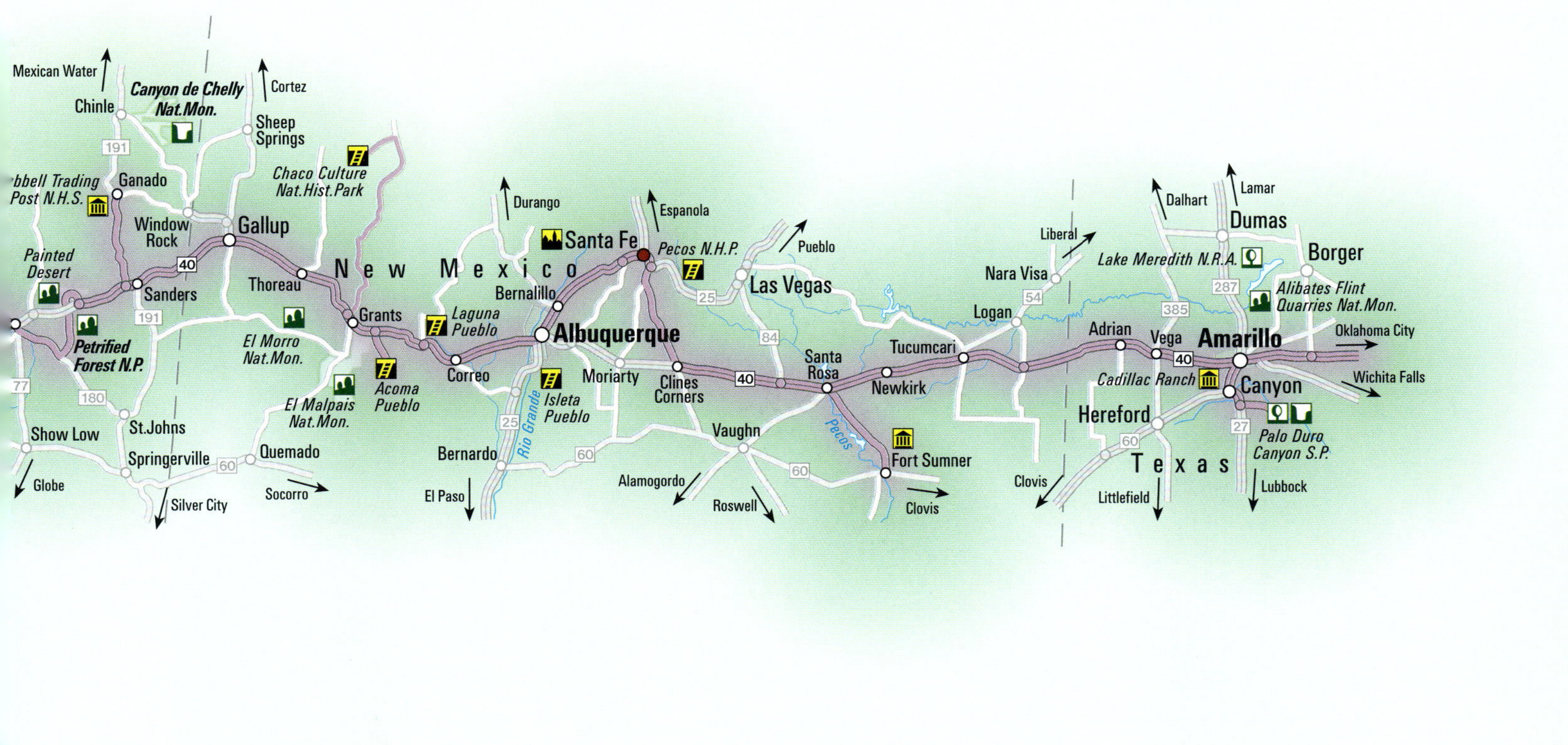
Mexican Water
Canyon de Chelly Nat.Mon.
Cortez
Chinle
Sheep Springs
Chaco Culture Nat.Hist.Park
bbell Trading Post N.H.S.
Ganado
Durango
Espanola
Lamar
Dalhart
Window Rock
Gallup
Dumas
Painted Desert
Santa Fe
Pecos N.H.P.
Pueblo
Liberal
Lake Meredith N.R.A.
Borger
Sanders
Thoreau
New Mexico
Bernalillo
Las Vegas
Nara Visa
Alibates Flint Quarries Nat.Mon.
Grants
Laguna Pueblo
Logan
Petrified Forest N.P.
El Morro Nat.Mon.
Albuquerque
Adrian
Vega
Amarillo
Oklahoma City
Tucumcari
Santa Rosa
Correo
Acoma Pueblo
Moriarty
Clines Corners
Newkirk
Cadillac Ranch
Canyon
Wichita Falls
El Malpais Nat.Mon.
Isleta Pueblo
Rio Grande
Pecos
Hereford
Show Low
St.Johns
Vaughn
Palo Duro Canyon S.P.
Fort Sumner
Springerville
Quemado
Bernardo
Texas
Globe
Silver City
Socorro
El Paso
Alamogordo
Roswell
Clovis
Clovis
Littlefield
Lubbock

Spätestens seit Bobby Troups Hit »Get Your Kicks on Route 66«, den Nat King Cole im Jahr 1946 so populär machte, wurde die erste Verbindung zwischen den Großen Seen und dem Pazifik zur Legende und zum Symbol des amerikanischen Traums. Horace Greeley hatte bereits 1865 in der »New York Herald Tribune« das Motto »Go West, Young Man« geprägt und damit das Credo einer ganzen Nation geschaffen. Was daraus während der Depression und der Dürrezeiten in den 1930er-Jahren wurde, hat kaum jemand so eindrucksvoll geschildert wie der Romancier John Steinbeck, der in seinem Roman »The Grapes of Wrath« (»Früchte des Zorns«, 1939) die Familie Joad über die »Mother Road« nach Westen ziehen ließ. Das Aufeinanderprallen von Traum und Wirklichkeit ist bis heute ein Teil vom Mythos der Route 66.

Was im schnelllebigen Amerika ein längst abgehaktes Kapitel der Geschichte ist, begann vor nicht einmal 100 Jahren, als die ersten Automobile der Eisenbahn zaghaft Konkurrenz zu machen begannen. Das Problem war jedoch, dass es praktisch keine Straßen, sondern allenfalls Reit- und Kutschwege gab. Für die neuen Knatterkisten mussten sie notdürftig geschottert werden – und das machte natürlich jeder Bundesstaat in Eigenregie. Glücklicherweise orientierten sich aber alle acht Bundesstaaten, durch die die spätere Route 66 führen sollte, an der bereits bestehenden Eisenbahnlinie. Aus den ersten »Highways« der beteiligten Bundesstaaten konnte so relativ problemlos ab den 1920er-Jahren der »National Old Trails Highway« als Vorläufer der Route 66 geknüpft werden.

Immer noch aber bezeichnete der schöne Name nicht viel mehr als eine Sand-, Schotter- und Knüppeldammpiste, kämpften Eisenbahn und Farmer gemeinsam gegen die ungeliebte Konkurrenz. Die Autofahrer jedoch hatten die Fakten zusehends auf ihrer Seite: Im Jahr 1913 hatte Henry Ford das Fließband eingeführt, sein Modell T kostete kurz darauf gerade noch 345 Dollar. Nur sieben Jahre später gab es in den USA schon über zehn Millionen Autos – und sie alle brauchten immer bessere, immer längere Straßen.

Da traf es sich gut, dass Cyrus Stevens Avery, ein Unternehmer aus Tulsa, ab 1920 einen durchgehenden Highway als Verbindung von den industriellen Zentren an den Großen Seen über die Landwirtschaftsregionen von Missouri, Kansas und Oklahoma bis zum Boom Country in Kalifornien propagierte. Die Idee fiel auf fruchtbaren Boden, der Highway sollte – ab 1925 wurden die Highways nummeriert – die Nummer 60 bekommen. Weil diese Zahl aber in Missouri bereits an einen State Highway vergeben war, blieb für die Transkontinentalverbindung schließlich die 66 übrig. Am 11. November 1926 hatten die acht Bundesstaaten – Illinois, Missouri, Kansas, Oklahoma, Texas, New Mexico, Arizona und Kalifornien – die einheitliche, 2451 Meilen (3944 Kilometer) lange Strecke zwischen Chicago und Los Angeles fertiggestellt und der Highway wurde offiziell eingeweiht.

Alte Tankstellen mit rostigen Zapfsäulen und historische Road Houses entlang der Strecke erzählen von der Gründungs- und Blütezeit der Route 66.

SHELL
SORRY! NO GAS
PREMIUM
GOVT. GRADE
Buy Quality
QUAKER STATE
Phillips 66
300 MILES DESERT AHEAD
WATER BAGS
ICE
ROUTE U.S. 66
KEEP OUT!

OPEN
ROUTE 66
¡COWBOYS!
SCRAPE SHIT FROM BOOTS BEFORE ENTERING
SORRY! NO GAS

ART DÉCO

Die Architektur entlang der Route 66 unterscheidet sich von Stadt zu Stadt, von Region zu Region wesentlich. Von funkelnden Lichtspielhäusern, die Anfang des 20. Jahrhunderts entstanden, führt die »Mother Road« zu den erdigen Lehmbauten New Mexicos. Und Diners und Tankstellen aus den 1950er-Jahren erinnern an jene Zeit, als die Interstates begannen, der Route 66 die Klientel zu entreißen. So kann die Straße auch als ein mobiles Museum für amerikanische Architektur betrachtet werden. Eine Stilart zieht sich allerdings bei vielen Gebäuden zwischen Chicago und Santa Monica durch: der Art déco. Er erlebte seine Blütezeit in den 1920er- und 1930er-Jahren, als die Route 66 entstand.

Obwohl der Begriff »Kunstgewerbe« (französisch »arts décoratifs«) meist eher abfällig gebraucht wird, bezeichnet er hier eine der fantasievollsten, verspieltesten – und eben doch: kunstvollsten – Stilrichtungen der 1920er- und 1930er-Jahre: »Art déco« geht zurück auf eine Kunstgewerbeausstellung (»Exposition Internationale des Arts Décoratifs et Industriels Modernes«), die im Jahr 1925 in Paris stattfand und bald auch über den großen Teich hinweg Anhänger fand. Typisch

für diesen sich aus dem Jugendstil heraus entwickelnden, alle Bereiche von Kunst, Mode und Architektur beeinflussenden Stil ist der scheinbare Widerspruch von Anmut und Strenge, der hier wie in der Musik kontrapunktische Akzente setzt. Streng sind die meist geometrischen Formen, anmutig ist das oft üppige Dekor, für das die Künstler glatte, kostbare Oberflächen aus Marmor und Granit, Stahl, Chrom und Bakelit einsetzten; gern in kühnen Farbkombinationen. In den himmelstürmenden Boomjahren des noch jungen Wolkenkratzerbaus bot Art déco Architekten viele neue Möglichkeiten: Das kunstvoll Dekorative überstrahlte die bloße Zweckmäßigkeit, nahm den oft stromlinienförmigen Wolkenkratzern ihr klobiges Aussehen und brachte ein spielerisches Element in den sonst eher nüchternen Baustil der Metropolen. Eben: Art déco.

Nicht nur die Kühlerfiguren sind Kinder ihrer Zeit (unten) und zeugen vom Art déco, auch die verschiedenen Stationen entlang der Route 66 zeigen den spielerischen Dekor: Tankstelle in Shamrock und Blue Swallow Motel in Tucumcari (linke Seite); KiMo Theater (links) und Route 66 Diner in Albuquerque (ganz unten).

ILLINOIS UND MISSOURI

Illinois im mittleren Westen der USA, benannt nach dem Indianerstamm der Illiniwek und Illini, bildet seit 1818 den 21. Bundesstaat der USA. Bekannt ist die Hauptstadt Springfield, da Abraham Lincoln als 16. Präsident der USA hier lange Zeit lebte und auch sein Grab fand. Die Metropole Chicago gilt als drittgrößte Stadt der USA. Hier beginnt die Route 66, die in Springfield direkt am Capitol vorbeiführt. Mit dem Mississippi grenzt Illinois im Südwesten an Missouri. Einige Teile der legendären Route 66 führen heute als »Historic Route 66« durch dieses Gebiet mit seiner einzigartigen Landschaft.

Schon Laotse stellte fest: Auch die längste Reise beginnt mit einem einzigen Schritt. In Chicago könnte man diesen Satz umschreiben: Auch die legendäre Route 66 beginnt mit einem einzigen Straßenschild.

CHICAGO

Chicago war schon im 19. Jahrhundert ein wichtiger Verkehrsknotenpunkt und Handelsplatz im US-Bundesstaat Illinois. Im größten Viehverladebahnhof der Nation wurden Rinder und Schweine aus den Güterzügen geladen und in die Schlachthöfe getrieben. In den »Roaring Twenties«, den »wilden Zwanzigern« des 20. Jahrhunderts, erwarb sich die »Windy City« Al Capones den zweifelhaften Ruf einer Gangstermetropole. Vom 8. auf den 9. Oktober 1871 zerstörte ein verheerender Brand fast die ganze Stadt. Von den alten Gebäuden steht nur noch der historische Wasserturm. Das neue Chicago wurde über den verkohlten Trümmern der alten Metropole errichtet – die aufregende Architektur ist der beste Beweis für den unerschrockenen Unternehmungsgeist seiner Bürger: Bis auf New York City verfügt keine andere Stadt in den USA über eine so imposante Skyline wie Chicago.

Das Zentrum des Wolkenkratzerbaus war lange Zeit – neben New York City – Chicago. Die Hochbauten der Stadt am Michigansee zählten bis zum Ende des 20. Jahrhunderts zu den höchsten der Welt – so etwa das trapezförmige John Hancock Building oder der Willis Tower. Die Stadt hat mehr als 300 über 100 Meter hohe Skyscraper vorzuweisen, sechs davon erreichen sogar eine Höhe von über 300 Metern.

ESSEX
INN

SPIELWIESE FÜR ARCHITEKTEN: DIE WOLKENKRATZER VON CHICAGO

Nach dem Brand von 1871 wurde die Stadt ein Tummelplatz für Architekten – und ist es bis heute geblieben. Jüngstes Beispiel hierfür ist der Trump Tower Chicago. Im 19. Jahrhundert strömten avantgardistische Baumeister aus allen Teilen der Welt hierher. William Le Baron Jenny erbaute bereits im Jahr 1885 ein zehnstöckiges Hochhaus aus Stahl und Steinen. Das Board of Trade am West Jackson Boulevard wurde in den 1920er-Jahren von Holabird & Root erbaut, ein perfektes Beispiel für den Jugendstil der damaligen Zeit. Das Continental Illinois Bank Building wurde zu einem riesigen Marmortempel mit griechischen Säulen und Kronleuchtern, das Wrigley Building nach dem Vorbild der Kathedrale von Sevilla konzipiert. Frank Lloyd Wright begründete einen nüchternen Baustil, der von Ludwig Mies van der Rohe aufgegriffen und verfeinert wurde. 1974 positionierte sich der gigantische Sears Tower (heute Willis Tower) als damals höchstes Gebäude der Welt. Die legendären Wolkenkratzer auf einen Blick: Carbide and Carbon Building (eindrucksvollster Art-déco-Wolkenkratzer der Stadt); Marquette Building (typischer Chicago Style um 1900, mit kunstvollen Reliefs und Mosaiken); Monadnock Building (größtes Bürogebäude der Welt um 1900).

SPIELWIESE FÜR ARCHITEKTEN: DIE WOLKENKRATZER VON CHICAGO

Die LaSalle Street (links) wurde bereits mehrfach zum Drehort bekannter Filme. Das Jugendstilgebäude am Ende der Straße ist das Board of Trade Building. Unten: Der Trump Tower lässt sich wie viele weitere Wolkenkratzer vom Chicago River aus bestaunen. Der Fluss ist nicht nur am St. Patrick's Day, wenn er komplett grün gefärbt wird, einen Besuch wert.

Prudential

Der Loop, ein Ring aus Hochbahnschienen, rahmt am Chicago River im Norden und Westen, an der Michigan Avenue im Osten und an der Roosevelt Avenue im Süden die Innenstadt von Chicago ein. Hier pulsiert das Herz dieser Metropole. Die State Street gilt als größte Fußgängerzone der Welt und lockt mit Kaufhäusern wie Marshall Field's, Boutiquen, vielen Restaurants, Kinos, Theatern. Auf den Bürgersteigen stößt man auf überraschende Farbtupfer: »Kunst im öffentlichen Raum«. Dazu gehören eine 16 Meter hohe unbetitelte Plastik von Pablo Picasso an der Daley Plaza, »Flamingo« (die Riesenspinne von Alexander Calder vor dem Chicago Federal Center), »Universe« (ein gigantisches Mobile desselben Künstlers in der Eingangshalle des Willis Tower) und »The Four Seasons« (ein 20 Meter langes Mosaik von Marc Chagall an der First National Plaza).

Unten: Eine Stadtrundfahrt per Boot über den Chicago River vermittelt einen eindrucksvollen Blick in die Hochhausschluchten der Skyscraper City. Der Fluss wird von zahlreichen modernen Hochhäusern gesäumt, wie etwa dem Trump International Hotel and Tower (links). Das Gebäude wurde im Jahr 2009 fertiggestellt und ist mit 415 Metern, inklusive Turmspitze, das zweithöchste Gebäude der Stadt.

CHICAGO: WILLIS TOWER

Fast 25 Jahre lang war der 1974 eröffnete Sears Tower (seit 2009 Willis Tower) in Chicago das höchste Gebäude der Welt. Danach begannen Länder in Asien und dem Nahen Osten, ihm diesen Titel streitig zu machen. Heute steht das mit Abstand höchste Gebäude der Welt in Dubai, und das One World Trade Center in New York ist ebenfalls höher. Dennoch pilgern jährlich mehr als eine Million Besucher zu den gläsernen Balkonen des Willis Tower. Sie sind einseitig mit der Außenfassade verbunden und lassen den Blick ungehindert 412 Meter in die Tiefe fallen. Die Umbenennung des Turmes ist dem schnöden Mammon zu verdanken. Ein britischer Versicherungskonzern hat nicht nur viele Etagen gemietet, sondern den Namen gleich mitgekauft. Die Fenster des mit schwarzem Aluminium verkleideten Gebäudes werden übrigens von Reinigungsrobotern geputzt, die ganz oben »wohnen«.

Er ist das markanteste Hochhaus der Stadt: der Willis Tower, den die Einheimischen immer noch bei seinem alten Namen nennen. Die Besucherplattform befindet sich im 103. Stock und bei gutem Wetter kann man über 50 Kilometer weit blicken. Spektakulärer Aussichtspunkt sind die Glasbalkone mit durchsichtigem Boden. Unten: Blick vom Shedd Aquarium auf den markanten Willis Tower.

JAZZ UND BLUES: DER SOUND DER STADT

Geniale Künstler wie Muddy Waters, Howlin' Wolf, Elmore James und Little Walter haben den Chicago Blues entscheidend geprägt. Ihre Musik hielt sich bis heute und bildet den Soundtrack für eine Reise in die schwarze Vergangenheit der USA, in der sich der Blues als eigenständige Kunstform aus den alten Volksliedern entwickelte: Wie der Rock 'n' Roll der 1950er-Jahre ging auch der Chicago Blues aus dem Mississippi Delta Blues der Südstaaten hervor und begeistert mit seinem Rhythmus, dem eindringlichen Gesang, dem Boogie-Woogie-Piano, der Blues Harp und der Slide Guitar. Elektrisch verstärkt breitete sich die Musik in den Metropolen aus und erreichte ein Massenpublikum. Bereits vor dem Zweiten Weltkrieg rühmte sich Chicago einer lebendigen Musikszene, die ihre Wurzeln in Glenn Millers Big Band Sound hatte und weniger bodenständig klang als der spätere Chicago Blues. Dessen »dreckigen« Sound brachte Muddy Waters aus Clarksdale mit und peppte ihn mit elektrischen Gitarren auf. Auf seinen Spuren wandelten John Lee Hooker aus Detroit und Howlin' Wolf aus Memphis. Später entwickelte sich aus dem Blues die früheste Form des Jazz, der ohne »Blue Notes«, die um einen Halbton verringerte 3. und 7. Stufe der Dur-Tonleiter, nicht denkbar wäre. Jazz und Blues prägen in Chicago noch immer den Sound der Stadt.

Er gehört zur Stadt wie der Willis Tower und der Chicago River. Und auch heute wird der Blues vielerorts gespielt. Großes Bild: Das Publikum hört John Primer und Band im Blue Chicago Blues Club zu. Auch The Chicago Rhythm and Blues Kings Band spielt in dieser Location auf (ganz links). Dabei nicht fehlen darf natürlich das Saxophon, für viele untrennbar mit dem Klang von Blues und Jazz verbunden.

CHICAGO: MILLENNIUM PARK

Der Park wirkt wie ein gigantischer Spielplatz für Roboter. Im Zentrum befindet sich der Jay Pritzker Pavilion – eine enorme Freilichtbühne, die vor allem klassischer Musik einen muschelförmigen Raum ohne kantige Wände bietet. Um die Höhenbestimmungen im Park zu umgehen, wurde der Pavillon statt als Gebäude als Kunstwerk deklariert. Eine bizarre Springbrunnenkonstruktion von Jaume Plensa erfreut vor allem Kinder: Auf Glasbausteinwände werden wechselnde Gesichter der Einwohner Chicagos projiziert, die Wasser aus ihren »Mündern« speien. Auf der konvexen Oberfläche eines Tores namens »Cloud Gate« spiegelt sich die Skyline Chicagos. Die Mischung aus monumentalen Skulpturen, Architekturkunst und Parklandschaft fasziniert Millionen von Besuchern. Sie gilt als beispielhafte Umsetzung der Möglichkeiten des 21. Jahrhunderts im öffentlichen Raum.

Unten: Im Sommer ein schöner Platz, um mitten in der Stadt im Freien zu sitzen und den Abend zu genießen: im Gras vor dem Jay-Pritzker-Pavilion. Bilder links: Von der BP Bridge, einer modern geschwungenen Fußgängerbrücke am Millennium Park, hat man einen schönen Blick auf die Skyline von Chicago; die Buckingham Fountain ist farbig beleuchtet ein echter Hingucker vor dem Abendhimmel.

CHICAGOS THEATERLANDSCHAFT

Die berühmteste Bühne Chicagos mit den orangeroten Lichtern, dem gelb leuchtenden »Y-Logo« und dem weißen Lichterschriftzug über dem Eingang war das erste Kino der Stadt: Im Jahr 1921 öffnete das Chicago Theatre seine Türen, errichtet von dem die Filmindustrie prägenden Unternehmen Balaban & Katz. Seit dem Jahr 1979 steht es auf der Liste historisch bedeutsamer Plätze der USA. Pompös wirkt das Innere noch immer – auf diesen Brettern spielte unter anderem Duke Ellington, sang Aretha Franklin und gab Frank Sinatra eine Gala-Vorstellung. Das hier jährlich stattfindende Internationale Filmfestival Chicagos hat im Verlauf der letzten Jahrzehnte auch deutschen Filmgrößen wie Rainer Werner Fassbinder zur Entdeckung verholfen. Filme, Unterhaltungsshows und Konzerte sind nach wie vor die Hauptevents in dem erinnerungsträchtigen Gebäude, das selbst in zahlreichen Filmen vorkommt. Daneben gibt es aber in der Stadt knapp 200 weitere Bühnen, auf denen Ensemble moderne und klassische Stücke aufführen. Chicago gilt zudem als Geburtsort der Stand Up Comedy, bei der professionelle Humoristen, aber auch Laien versuchen, ihr Publikum zum Lachen zu bringen und dabei aber auch improvisieren und auf Zurufe reagieren müssen.

Diesen leuchtenden Schriftzug (unten) kennt in den USA wohl fast jeder. Heute wird hier im Chicago Theatre ein spartenübergreifendes Programm gezeigt, von Zaubershows bis hin zu Pop-Konzerten und diversen Theaterstücken. Ganz links: 3600 Zuschauer finden Platz im Inneren des Chicago Theatre. Links: Ein Orchester probt im Jay-Pritzker-Pavilion des Millennium Park.

CHICAGO: ART INSTITUTE

Das weltberühmte Kunstmuseum an der Michigan Avenue wurde 1866 gegründet. Zwei Jahre später kam die Kunstakademie hinzu, die heute zu den bekanntesten der USA zählt. Gemälde von Cézanne, Monet, Renoir und van Gogh gehören zum Bestand. Das Art Institute verfügt über eine umfassende Bildersammlung nordamerikanischer und europäischer Stilrichtungen aus den Epochen des 13. Jahrhunderts bis zur Moderne mit Schwerpunkt auf Impressionismus und Post-Impressionismus. Beispielhaft für die wegweisende Architektur der Stadt zeichnete in 2009 der Stararchitekt und Pritzker-Preisträger Renzo Piano verantwortlich für den spektakulären Erweiterungsbau in Form eines eleganten Flügels: Der »Modern Wing« aus Kalkstein und Glas wird gekrönt von einem geschwungenen Baldachin aus weißem Aluminium. Er erweitert das Areal des Museums auf 24 500 Quadratmeter.

Von Löwenstatuen bewacht wird das Art Institute (großes Bild), dessen Inneres nicht nur durch den in weiß gehaltenen Treppenaufgang (ganz links) beeindruckt. Besucher können hier unter anderem Gustave Caillebottes Ölgemälde »Rue de Paris, temps de pluie« (unten) oder auch »American Gothic« von Grant Wood (ganz unten), um dessen Motiv sich die verschiedendsten Interpretationen drehen, betrachten.

CHICAGO: FIELDS MUSEUM OF NATURAL HISTORY

Wer gefahrlos in einer Art »Jurassic World« längst ausgestorbene Saurier und weitere urzeitliche Tiere aus nächster Nähe betrachten möchte, besucht dieses Naturkundemuseum am Lake Michigan. Ein Highlight ist »Sue«, das weltweit größte und am vollständigsten erhaltene Skelett eines Tyrannosaurus Rex. Die Sammlung eines der meistbesuchten Museen der USA umfasst 22 Millionen Exponate aus Sachgebieten der Völkerkunde, Biologie und Zoologie sowie der Geologie. Mit seiner Ausstellungsfläche auf 85000 Quadratmetern zählt das Fields Museum zu den größten Museen der Welt. Bereits 1893 gegründet, konnte das Museum dank großzügiger Unterstützung seines Namensgebers Marshall Fields 1921 in das Gebäude am South Lake Shore Drive ziehen, das sich durch seine hohen, lichtdurchfluteten Ausstellungshallen auszeichnet.

Das Äußere des Fields Museum of Natural History lässt kaum vermuten, dass es im Inneren Skeletten von Dinosauriern und zahlreichen weiteren naturkundlichen Fundstücken und Rekonstruktionen eine Heimat bietet und die großen Hallen im viktorianischen Stil wie eine Vorlage für den Film »Nachts im Museum« anmuten. Beliebt bei Kindern sind interaktive Programme auf wissenschaftlicher Basis.

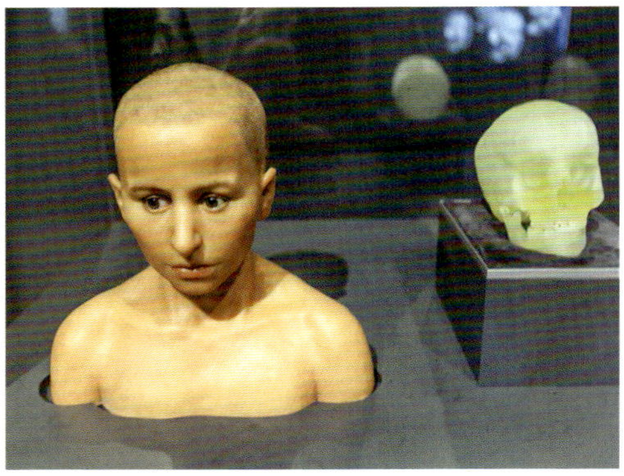

CHICAGO BULLS

Schwitzende Hünen, tobende Fans, tanzende Cheerleader – Basketball gehört zu den US-amerikanischen Nationalsportarten und setzt Emotionen in einer Intensität frei, wie es hierzulande nur Fußball vermag. Die Chicago Bulls spielen in der Profi-Liga Nordamerikas, der National Basketball Association NBA, wo auch kanadische Mannschaften vertreten sind. Prominentester Spieler des Teams war Michael Jordan, den ein amerikanischer Sportsender zum »Sportler des Jahrhunderts« ausrief. Als sein Talent sich Anfang der 1980er-Jahre abzuzeichnen begann, holten die damals im Mittelfeld der NBA rangierenden Chicago Bulls den Spieler zu sich. Sie gerieten mit der charismatischen Figur Jordan nicht nur an die Spitze der Profiliga, sondern auch in den Fokus der Weltöffentlichkeit. Mitte der 1990er-Jahre galten die »Bulls« als größtes Team in der Geschichte des Basketballs. Michael Jordan war nicht nur ein herausragender Basketball-Spieler, sondern durch seinen Erfolg auch eine Projektionsfläche für Sehnsüchte. Das machten sich Vermarktungsunternehmen zunutze: Der Wert der Mannschaft mit dem ikonografisch eingängig roten Stierlogo verzehnfachte sich im Verlauf von Michael Jordans Karriere. Seit seinem Weggang sind die Chicago Bulls wieder eine normale NBA-Mannschaft.

Bilder unten: Bei den Spielen gegen Orlando Magic aus Florida macht der deutsche Spieler Paul Zipser eine gute Figur. Der Swingman, der seit 2013 beim FC Bayern Basketball unter Vertrag stand, wechselte im Juli 2016 zu den Chicago Bulls. Dort steht er jetzt mit Spielern wie Robin Lopez (links) im Kader. Der letzte NBA-Titelgewinn der »Bulls« liegt allerdings schon ein paar Jahre zurück: 1998.

SPRINGFIELD

Springfield wurde im Jahr 1837 zur Hauptstadt von Illinois gewählt, im selben Jahr zog ein gewisser Abraham Lincoln in die beschauliche Kleinstadt. »Der Stadt und der Freundlichkeit ihrer Bewohner schulde ich viel«, sagte der Rechtsanwalt, als er im Jahr 1861 zum Präsidenten gewählt wurde und ins Weiße Haus nach Washington, D.C., umzog. Sein einstiges Privathaus kann man heute noch besichtigen; sein Grab auf dem Oak Ridge Cemetery wurde zur Wallfahrtsstätte für jeden aufrechten Amerikaner. Nach dem tödlichen Attentat auf Lincoln im Jahr 1865 überführte man seine sterblichen Überreste nach Springfield. »Es wäre sein Wunsch gewesen, in unserer Stadt begraben zu werden«, sind lokale Historiker überzeugt, »als hervorragender Redner in dem Old Courthouse von Springfield begann er seine politische Karriere.«

Das Illinois State Capitol in Springfield ist das höchste Gebäude der Stadt und überzeugt im Inneren durch die imposante Kuppel, deren Basis in einem bronzefarbenen Fries die Geschichte des Staates erzählt (großes Bild). Das Gebäude ist bereits das sechste Kapitolgebäude Illinois'. Das fünfte wird heute als Old State Capitol oder auch Lincoln Capitol bezeichnet und dient als Museum (ganz links).

ABRAHAM LINCOLN

Der Kinnbart und seine hagere Gestalt machten ihn unverwechselbar: »Honest Abe« Lincoln, der »ehrliche Abraham«, setzte Maßstäbe – nicht erst als 16. Präsident der USA. In einem armen Blockhaus in Kentucky geboren, eignete er sich seine umfassende Bildung vor allem selbst an. Nach harter Farmarbeit, einer Kaufmannslehre und freiwilligem Kriegsdienst ging der leidenschaftliche Redner in die Politik, um die Verkehrswege und Schulen auf dem Land zu verbessern. Auch gegen die Sklaverei richtete er sich – wie schon sein Vater –, als er sich in seiner Partei und als Anwalt langsam nach oben arbeitete. Zwar ging der Republikaner Lincoln 1836 für Kentucky in den US-Kongress, bevorzugte aber doch sein Anwaltsdasein – bevor ihn der zunehmende Streit um die Sklaverei wieder in die Politik brachte. In einer viel beachteten Rede 1858 formulierte Lincoln: »Ich glaube nicht, dass diese Regierung auf Dauer überleben kann, wenn sie halb für die Sklaverei ist und halb für die Freiheit«. Zwei Jahre später gewann er die Präsidentschaftswahlen und arbeitete für das Ende der Sklaverei. Der folgende Sezessionskrieg zwischen Süd- und Nordstaaten währte fünf Jahre, doch kurz vor dessen Ende wurde er von einem Extremisten erschossen. Nach 20 Tagen landesweiter Trauer begrub man Lincoln in seiner Heimat Springfield.

Das Ehrenmal Lincolns wird von neun Flaggen umgeben, neben der Nationalflagge und der Präsidentenflagge auch die der sieben Staaten, in denen Lincoln und seine Vorfahren gelebt haben (links). Im Wohnhaus Abraham und Mary Lincolns werden heute Führungen angeboten, die die im Stil der 1860er-Jahre restaurierten Zimmer zeigen und Wissenswertes über Leben und Wirken Lincolns vermitteln (großes Bild).

CAHOKIA MOUNDS STATE HISTORIC SITE

Rund 13 Kilometer nordöstlich von St. Louis fanden Archäologen die größte Siedlung einer präkolumbischen Kultur nördlich von Mexiko. In ihrer Blütezeit im Zeitraum 1050 bis 1150 könnten in dieser Siedlung zwischen 10000 und 20000 Menschen gelebt haben. Die rund 120 aufgeschütteten Erdhügel (»mounds«) dienten meist als Grabstätten. Um die Siedlung herum lagen zahlreiche Dörfer und »Trabantenstädte«. Der größte Erdhügel ist der Monk's Mound, mit einer Grundfläche von fünf Hektar und einer Höhe von über 30 Metern die größte präkolumbische Konstruktion in Nordamerika. An der Spitze des hoch entwickelten, hierarchisch gegliederten Gemeinwesens, das eine ertragreiche Landwirtschaft betrieb, stand ein Herrscher, der sich »Die Große Sonne« nannte und standesgemäß auf dem größten und höchsten Erdhügel lebte.

CAHOKIA MOUNDS STATE HISTORIC SITE

Der Monk's Mound (unten) ist heute über Treppen begehbar. Ebenso eindrucksvoll sind die Relikte lang vergangener Zeiten, die bei den Ausgrabungen entdeckt wurden. Neben Kochgeschirr, Schüsseln und Töpfen fand man auch diverse Werkzeug- oder Waffenteile.
Die UNESCO erklärte die Cahokia Mounds State Historic Site 1982 zum Weltkulturerbe, heute ist sie Teil eines großen Parks.

CHAIN OF ROCKS BRIDGE

Im Norden von St. Louis überquert die Brücke den Mississippi, der hier auch die Grenze zwischen den Bundesstaaten Illinois und Missouri bildet. Der Name »Chain of Rocks« bezieht sich auf die unter der Brücke befindliche Felsenkette, die mit ihren Untiefen an dieser Stelle die Schifffahrt kritisch gestaltete. Im Jahr 1929 eröffnet, war die etwa 2,6 Kilometer lange Fachwerkbrücke früher von wirtschaftlich großer Bedeutung, da sie sich im Bereich des ersten Wasserwerkes von St. Louis aus dem Jahr 1894 befindet. In ihrem Verlauf macht die Stahlkonstruktion über dem Fluss einen Knick im Winkel von 20 Grad. Früher gehörte die Brücke zur Route 66. Heute ist der Übergang nur noch für Fußgänger und Radfahrer geöffnet. Der beste Zugang befindet sich auf der Illinois-Seite am östlichen Ufer. Die Brücke bietet in dieser idyllischen Lage wundervolle Ausblicke.

Seit dem Jahr 1966 wird die Chain of Rocks Bridge von der New Chain of Rocks Bridge ersetzt (im Hintergrund im Bild links). Für Fußgänger und Radfahrer ist die alte Brücke mit ihrem markanten Knick jedoch nach wie vor geöffnet und lockt eine Vielzahl an Route-66-Fans an. Ein Spaziergang lohnt sich in jedem Fall, um den wunderschönen Blick auf den Mississippi zu genießen.

ST. LOUIS

Die Stadt wurde 1764 von Pierre Laclede Liguest und französischen Pelzhändlern gegründet. Dank ihrer strategisch und handelspolitisch günstigen Lage wuchs sie zu einer geschäftigen Metropole heran. Während der Pionierzeit profitierte St. Louis als »Gateway to the West« von den Pionieren. Während des Goldenen Zeitalters der Dampfschifffahrt legten riesige Schaufelraddampfer im Hafen an und luden Baumwolle und andere Handelsgüter. Noch vor dem Bürgerkrieg wurde St. Louis zum Eisenbahnknotenpunkt. Selbst die Weltkriege hemmten den Aufschwung nicht. Charles Lindbergh betrieb weltweit Werbung für die Stadt, als er mit der »Spirit of St. Louis« über den Atlantik flog. Doch die nach Ludwig IX. benannte Stadt hat mehr zu bieten: Das St. Louis Symphony Orchestra gehört zu den renommiertesten seiner Zunft. Und Jazzmusiker Miles Davis wuchs in St. Louis auf.

Großes Bild: Das Zentrum der Aloe Plaza bildet der Brunnen »Meeting Waters« mit den Skulpturen des schwedischen Künstlers Carl Miller. Dahinter befindet sich der ehemalige Hauptbahnhof St. Louis Union Station, der heute als Einkaufszentrum und Hotel dient. Bildleiste von oben nach unten: Der ehemalige Wartesaal der Union Station, Gateway Arch am Abend, Innenansicht des alten Gerichts.

ST. LOUIS: GATEWAY ARCH

Das Tor zum Westen – die Bedeutung der Stadt St. Louis als »Gateway to the West« symbolisiert der Gateway Arch: St. Louis galt einst als letzter Posten der Zivilisation, von dem aus unzählige Siedler die Erschließung des Westens begannen. Der schlanke Bogen aus Stahlbeton spannt sich elegant bis auf eine Höhe von 192 Metern im Zentrum der Stadt am Ufer des Mississippi über eine offene Grünfläche des Gedenkparks Jefferson National Expansion Memorial hinweg. Der ebenso hohe wie auch breite Bogen wurde im Jahr 1967 eingeweiht. Die imposante Konstruktion gilt als das markanteste Wahrzeichen der Stadt und ist bei Besuchern ein überaus beliebtes Ausflugsziel. Mit einer Spezialbahn gelangt man bis auf den höchsten Punkt des Bogens, von dem aus sich eine atemberaubende Aussicht bietet. Es gibt zudem unter dem Bogen ein Museum mit kleinem Kino für Dokumentarfilme.

Gäbe es den Gateway Arch nicht, würde die Skyline von St. Louis denen vieler anderer nordamerikanischer Städte weitestgehend gleichen. So ist der Anblick der Stadt jedoch unverwechelbar. Gerade in der Dämmerung bildet der hohe Bogen einen schönen Kontrast zum farbintensiven Abendhimmel und spiegelt sich malerisch im Mississippi. Und wie wär's mit einer Tour auf die Spitze?

ST. LOUIS: MISSOURI BOTANICAL GARDEN

Als einer der ältesten botanischen Gärten der Welt beeindruckt der 1859 vom Botaniker Henry Shaw gegründete Missouri Botanical Garden. Westlich der Innenstadt von St. Louis gelegen, bietet die Anlage auf einer Fläche von 32 Hektar vielfältige Gartenparadiese, historische Gebäude und als besonderen Clou einen Indoor-Regenwald. Shaw selbst wohnte hier, sein 1849 errichteter Landsitz, das Tower Grove House, offenbart Einblicke in das Leben des Botanikers. Die das Gebäude umgebende Gartenanlage ist im viktorianischen Stil gehalten. Nördlich davon befindet sich ein 5,6 Hektar großer japanischer Garten mit See und vier Inseln. Weitere Themengärten widmen sich der englischen Kultur oder sind speziell für Kinder angelegt. Das »Climatron«, ein kuppelförmiges Glashaus, beherbergt den tropischen Regenwald. Das ganze Jahr über finden Events statt.

Neben Flora und Fauna kann man auch eine Vielzahl an Skulpturen bewundern, wie beispielsweise Joe Mutasas »Sole Provider« (unten rechts). Sie stellt eine Witwe mit ihren zwei Kindern dar und wurde den USA im Gedenken an die Opfer des 11. Septembers geschenkt. Das kuppelförmige Gewächshaus »Climatron« (ganz links) bietet einen architektonischen Kontrast zu den viktorianischen Häusern (großes Bild).

MERAMEC CAVERNS

Die sieben Stockwerke hinabreichenden Meramec Caverns gehören mit ihren 7,4 Kilometer Länge zu den größten Höhlen der USA. Das weit verzweigte Höhlensystem entstand vor etwa 400 Millionen Jahren durch die Auswaschung von Kalkstein und wurde auch einst als Salpetermine wirtschaftlich genutzt. Nur zwei der sieben Ebenen sind für Besucher zugänglich und offenbaren ein prachtvolles unterirdisches Reich, dessen Tropfsteinformationen im Licht der Scheinwerfer in allen Farben schimmern. In der riesigen Eingangshöhle werden Bälle und Hochzeiten veranstaltet, aber auch der »Theatersaal« und die »Weinstube« sind sehr sehenswerte Kammern. Angeblich soll sich der berüchtigte Outlaw Jesse James in der Höhle versteckt haben, gesichert ist, dass die Ureinwohner der Gegend die Höhlen schon seit Jahrhunderten als Unterschlupf nutzten.

Als wären die bizarren Gebilde der Stalaktiten und Stalagmiten nicht bereits Grund genug, die Meramec Caverns zu besichtigen, locken auch die Legenden um Jesse James und seinen Bruder Frank (unten rechts) eine Vielzahl an Besuchern an. Der Höhepunkt der rund 90-minütigen Rundführung ist eine musikalisch untermalte Lichtshow, bei der die Tropfsteine in bunte Farben getaucht werden.

AMERICAN OUTLAW: JESSE JAMES

Der Mythos um ihn ist bis heute ungebrochen: Jesse Woodson James polarisierte die Gemüter nicht erst seit seiner Ermordung im Jahr 1882 – erschossen vom eigenen Komplizen. Bereits zu Lebzeiten war der Bandit heftig umstritten, galt er schon damals bei den einen als Held, war von den anderen stattdessen als Schwerkrimineller eingestuft. Der mit den Belangen der Südstaaten sympathisierende James, geboren 1847 im heutigen Kearny im Clay County, Missouri, lebte über 15 Jahre als »Outlaw« außerhalb aller Gesetze. Zudem wusste der Anführer der »James Younger Gang« sich selbst zu inszenieren, indem er die damaligen Boulevardmedien mit Briefen über seine Erlebnisse versorgte. Dank des Telegrafen war ihm derartige Publizität möglich, die ihn meist als Held darstellte – obwohl er für die Ermordung von 22 unbewaffneten Unions-Soldaten im September 1864 verantwortlich war, zusammen mit seinem Bruder Frank beim berüchtigten Centralia-Massaker. Mit anderen Konföderierten verbunden, gingen die Brüder nach Kriegsende auf zahlreiche Überfälle, die in die Legende um Jesse James eingingen und dessen Ruhm mehrten. Dem amerikanischen Idol des Wilden Westens, dessen Leben Einlass in Filmen, Büchern und Liedern fand, sind mehrere Museen gewidmet.

Das Jesse-James-Museum in Kearny (links) und ein Wohnhaus in St. Joseph (unten) ziehen immer noch zahlreiche Besucher nach Missouri. Die Inneneinrichtung der Zimmer versetzt zurück in längst vergangene Zeiten und Informationstafeln geben authentisch die Geschichte des Outlaws wieder. In Kearny kann man das Geburtshaus besichtigen, ebenso das Grab Jesse James'.

STANDARD
DINER
DRINK Coca-Cola
Sign of Good Taste
GASOLINE TEXACO MOTOR OIL
FULL SERVICE
Phone
PUCKY HUDDLE MERCANTILE
GULF
THE TEXAS COMPANY
E. D. LUDER LEASE
PERSONALIZED SERVICE
Ormond Beach Federal
Phillips 66
BOB'S GASOLINE ALLEY
NOW while you wait Drain and Refill with New OPALINE
Mobil
SOCONY
Dodge COLT
BOARD BUSES HERE
VISA

Der Besitzer von Bob's Gasoline Alley im Route-66-Ort Cuba verfügt über eine Sammlung von mehr als 300 Schildern und Artefakten.

ONONDAGA CAVE STATE PARK

Missouri wird wegen seiner über 6000 Höhlen auch als »The Cave State« bezeichnet, der Höhlenstaat. Nur etwa zehn Kilometer von Leasburg entfernt kann man »Cave Bunnies« kennen und lieben lernen. Dabei handelt es sich um die Bewohner der spektakulären Onondaga-Höhle, die hier lebenden Fledermäuse. Doch nicht nur die niedlichen Tierchen gilt es zu entdecken: Die Höhle, die wegen ihrer Attraktivität auch als National Natural Landmark erfasst wurde, ist eine von 40 grandiosen Höhlen, die man in Missouri besichtigen kann. Diese ist ganzjährig geöffnet, zwischen März und Oktober werden auch geführte Touren angeboten. Rundherum im Park sind unterschiedliche Klettertouren möglich, bei denen man fantastische Ausblicke genießen kann. Diese schweifen bis runter auf den Meramec River, auf dem sich vom Park aus tolle Kanufahrten unternehmen lassen.

Während die Stalagtiten wie erstarrt wirken (unten links), tummelt sich einiges Leben in den Höhlen wie dieser farbenfrohe Grottenolm (unten rechts). Und selbst »Seerosen« lssen sich auf den unterirdischen Teichen finden (rechts).

OZARK PLATEAU

Die Hochlandregion, auch Ozark Mountains genannt, erstreckt sich nahezu über die Hälfte des Bundesstaates Missouri. Auf einer Fläche von 122 Hektar zieht sich das Gebiet bis nach Arkansas, die gesamte Bergregion zwischen den Appalachen und den Rocky Mountains zählt dazu. Das Herz bilden die Saint Francois Mountains, die auf den Ursprung des Namens aus dem Französischen hinweisen: »aux arcs« – zu den Bögen – wird als eine mögliche Erklärung des Namens für hier vorkommende Naturbrücken gedeutet. Grand Falls, der größte natürliche Wasserfall von Missouri, befindet sich am Shoal Creek. Auch eine der größten Quellen der Vereinigten Staaten, die Big Springs, liegen in diesem Gebiet, das mit seinen klaren Gewässern in Bächen und Flüssen ein Paradies für Jäger und Angler bildet; ebenso wie für Naturbeobachter, die hier seltene Tiere und eine üppige Fauna vorfinden.

Unten von links: ein junger Rotkardinal, ein Blauhäher, ein männlicher Rotkardinal.
Rechts: Der Great Falls ist zwar nur zwölf Meter hoch, aber damit der längste permanent Wasser führende Wasserfall in Missouri.

ONONDAGA CAVE STATE PARK

OZARK PLATEAU

BRANSON

Die kleine Stadt in den Ozark Mountains ist das neue Mekka der amerikanischen Countrymusik. Branson, vor einigen Jahren noch ein unscheinbares Nest, wurde »America's Biggest Little Town« und zum »Live Entertainment Capital of the World«. In mehr als 40 Theatern steht Country Music auf dem Programm, treten betagte Stars wie Mel Tillis und Moe Bandy sowie erfolgshungrige Newcomer auf. Wie Perlen an einer Schnur liegen die Theater am »Strip«. Die »Baldknobbers«, eine fröhliche Hillbilly-Familie mit Musikern und Comedians, sind schon seit dem Jahr 1959 vor Ort. Branson wurde bereits im Jahr 1907 bekannt, als Harold Bell Wright sein religiös angehauchtes Drama »The Shepherd of the Hills« herausbrachte, jahrzehntelang eines der meistgelesenen Bücher in Amerika. Das Stück wird heute noch in den Bergen aufgeführt.

Das Shoji Tabuchi Theater trägt den Namen des dort auftretenden Geigers aus Japan (unten links) und ist nur eine der »heiligen« Hallen der Country Music. Das Country Tonite Theatre (unten rechts) bietet sogar früh am Morgen schon eine Country-Comedy-Show. Hungrige Mägen füllt das Uptown Café (ganz links) mit Burgern, Zimtschnecken und Ice Cream, natürlich nicht ohne musikalische Unterhaltung.

CARTHAGE

Zum Kult um die historische Route 66 gehörten schon immer alle Arten von vergnüglichen bis kuriosen Einkehrmöglichkeiten und Treffpunkten, die sich rund um die Fortbewegung mit Fahrzeugen jeglicher Couleur drehen. Eine typisch amerikanische Erfindung muss also auch an dieser Strecke sein: Das Autokino 66 Drive-In Theatre wurde 1949 als eins von insgesamt sechs Autokinos an der knapp 4000 Kilometer langen Strecke der Route 66 am Rande der Stadt Carthage in Missouri eröffnet. Nur dieses hat die Zeit überlebt und ist bis heute beliebt bei allen Fans mobiler Fortbewegung. Als Geheimtipp wird, obwohl nicht zu den historischen Attraktionen der Route 66 zählend, das Red Oak II gehandelt. In dem kleinen, versteckt liegenden Park eines reichen Amerikaners präsentiert sich eine Sammlung alter Gebäude und Fahrzeuge aus dem ganzen Land.

Ganz links: Farbenfroh-originell präsentiert sich Philipps-Tankstelle der 1920er-Jahre, heute eine Mischung aus Kunstwerk und Museum. Unten: Karofliesen, große Reklameschilder an der Wand und Licht aus Leuchtröhren – nicht nur wegen der vielen Touristen hält man im Diner am Public Square von Carthage das Image der typischen Einkehrmöglichkeiten aufrecht. Links: 66 Drive-In Theatre.

INDIANER – DIE ERSTEN AMERIKANER

Für »Indianer« hielt Christoph Kolumbus die ersten Ureinwohner des nordamerikanischen Kontinents, weil er glaubte, den gesuchten Seeweg nach Indien gefunden zu haben. Hätten die vielen Stämme auf dem gesamten Territorium der USA geahnt, was mit der Besiedelung der mächtigen »Weißen« auf sie zukommen würde, hätten sie ihre internen Auseinandersetzung wohl beigelegt und die ersten Siedler weniger friedlich empfangen, als es zunächst weitgehend der Fall war. Heute leben nur noch wenige Nachfahren der einst stolzen Bewohner des Landes: Gerade einmal ein Prozent stellen sie an der Gesamtbevölkerung der USA. In Reservaten versuchen sie, die verbliebenen Relikte ihrer untergegangenen Kultur zu retten: Sprache, Geschichten, Gebräuche. Die letzten freien Stämme wurden in den Indianerkriegen des 19. Jahrhunderts besiegt und sesshaft gemacht. Das im Jahr 1885 aufgenommene Bild von »Sitting Bull«, dem Häuptling und Medizinmann der Hunkpapa-Lakota-Sioux kennen viele – ein ernster Mann mit Feder im Haar. Es steht ikonografisch für den Sieg der Europäer über die naturverbundenen Völker des Kontinents. Wenn heute das Schlagen der Trommeln bei einem »Powwow« erklingt, einem Treffen der Stämme zur Erinnerung an ihre Wurzeln, entführen sie in eine Welt vor der Besiedelung.

Ihre Kultur und Sprache zu erhalten, betrachten viele Ureinwohner heute als eine sehr wichtige Aufgabe in ihrem Alltag und bei der Kindererziehung. Dazu gehören Powwows, das sind farbenprächtige Tanzfeste in traditioneller Kleidung und Gesichtsbemalung. Ihre Sprache besteht aus vielen Sprachfamilien und einigen isolierten Sprachen. Schriften haben nur die Kulturkreise in Mittelamerika entwickelt.

VON KANSAS NACH TEXAS

»Volk des Südwinds« bedeutet Kansas in der Sprache der Sioux. Heute hat Kansas auch den Beinamen »The Sunflower State«, bezogen auf seinen markant aus der weiten Prärie herausragenden höchsten Berg, den Mount Sunflower. Die Route 66 streift den Bundesstaat auf gerade mal 21 Kilometern nur an seinem südöstlichen Zipfel. Die Straße führt dann auf 651 Kilometern weiter durch Oklahoma, wo einige sehenswerte Städte und indianische Kultstätten warten. Im zentralen Süden der USA zieht sich die Route 66 in Texas auf 324 Kilometern durch weite Ebenen.

Dieser Ausschnitt eines Wandgemäldes von Nicholas Calcagno zeigt die historische Vielfalt der Region. Ureinwohner mit ihrer Kultur, ihren Traditionen und dem Lebensstil prägten das Gebiet ebenso wie die Industriearbeiten und der Modernisierungsdrang der Neuankömmlinge.

GALENA

Kurz hinter Joplin führt die Route 66 über die Grenze zwischen Missouri und Kansas. Als Main Street von Galena verläuft sie durch die Kleinstadt, geradewegs vorbei an der ehemaligen Tankstelle der »4 Women on the Route«, heute bekannt unter dem Namen »Cars on the Route«. Der frühere Name geht zurück auf die vier einheimischen »Ladies« Melba, Betty, Judy und Renee, die dereinst den Laden führten. Direkt neben der alten Zapfstation steht ein Oldtimer-Abschleppwagen, der als Vorlage für »Hook« im Pixar-Animationsfilm »Cars« (2006) diente – die Damen schwärmten in den höchsten Tönen von diesem Film, weil er die Route 66 seitdem wieder ins Gespräch brachte. Die Station wird heutzutage als Souvenirshop mit Imbiss betrieben. Im ehemaligen Bahnhof befindet sich das Museum von Galena, dessen Geschichte auf den Fund von Bleierz im Jahr 1877 zurückgeht.

Das ehemalige Bahnhofsgebäude der alten Bahnstrecke Missouri-Texas-Kansas beherbergt heute das Mining and Historical Museum, das privat und mit viel Leidenschaft geführt wird und die Geschichte des Orts vermittelt.

MIAMI

RIVERTON

Im weiteren Verlauf der Route 66 passiert die historische Straße das Örtchen Riverton, in dem sich gleich zwei sehenswerte Attraktionen befinden: Am Eingang des Städtchens – die Straße wird hier US-69-Alt bezeichnet – befindet sich der berühmte und durch seine farbig aufgemachte Gestaltung unübersehbare Gemischtwarenladen »Old Riverton Store« der Eisler Brothers. Der Laden bietet ebenfalls Heimat für die »Kansas Historic Route 66 Association« und war ursprünglich eine Standard Oil Station, 1925 erbaut. Riverton in westlicher Richtung verlassend, führt der Weg über die Bush Creek Marsh Arch Rainbow Bridge, eine weiße, denkmalgeschützte Betonbrücke von 1923. Sie ist die letzte ihrer Art, es gab auf der Route dereinst drei dieser eleganten Bogenbrücken. Eine um drei Bogen längere Brücke zwischen Galena und Riverton wurde 1986 demontiert.

Einst hieß dieser kleine Familienbetrieb Williams Store und verkaufte Lebensmittel an Einheimische und Reisende der Route 66. Heute bekommt man im Eisler Brothers Old Riverton Store noch immer die legendären Sandwiches.

MIAMI

Weiter geht es durch den Bundesstaat Oklahoma, durch den die Route 66 auf einer Strecke von über 600 Kilometern verläuft. Kurz nach der Grenze von Kansas führt der Weg durch das Örtchen Miami. Der Name geht zurück auf den Indianerstamm der Myaami, zu Ehren der Frau des Mannes, der hier die Post eröffnete. Eine herausragende Sehenswürdigkeit in Miami ist das Coleman Theatre, ein wunderschönes, historisches Theaterkino, das der Bergbaumillionär George L. Coleman 1929 im spanischen Stil erbauen ließ. 1983 wurde es unter Denkmalschutz gestellt und 1989 aufwendig renoviert. Der Theaterraum fasst 1600 Personen, die hier in einem wundervollen Ambiente auf den üppig gepolsterten Sitzen Platz nehmen können. An mehreren Tagen in der Woche werden geführte Touren durch die Räume veranstaltet. Das Theater ist bis heute ohne Unterbrechungen in Betrieb.

Amerika, wie man es sich vorstellt: Bunte Leuchtreklame für ein Fast-Food-Restaurant und Oldtimer (links). Ein anderes Bild dagegen zeichnet das Coleman Theatre im spanischen Kolonialstil (unten).

DIE BESIEDELUNG DES AMERIKANISCHEN WESTENS

Als der Osten längst dicht bevölkert war, das Leben an der Küste dort teurer wurde und erste Wege quer durch das Land von Goldsuchern und Fallenstellern schon gebahnt waren, machten sich immer mehr Menschen auf, ihr Glück im noch unerschlossenen Westen zu suchen. Anfang des 19. Jahrhunderts gehörte das Land jenseits des Mississippi den »Native Americans« – den Indianern. »Die mit den Holzkanus« – oder, wie sich die Missouri selbst bezeichneten: »das Volk von der Flussmündung« – in diesem Bereich und bis hin zum Grand River lebte ehedem dieses Indianervolk. Sowohl für den Bundesstaat als auch für den alles beherrschenden Mississippi und seinen längsten Nebenfluss, den Missouri, war dieser Indianerstamm ursprünglich namensgebend. Doch mit dem Zustrom der Viehzüchter und Ackerbauern aus dem Osten nahmen auch hier die Zusammenstöße zu, die zuvor schon im Osten und Süden Nordamerikas zur großflächigen Vertreibung verschiedener Stämme in die Westgebiete geführt hatten. Mit der Westbewegung der europäischen Siedler wurde es allmählich enger auf dem riesigen Territorium der USA. Siedlertrecks mit Planwagen und dem Nötigsten für einen Neuanfang strömten in die fruchtbaren Ebenen, um sich ihr Stück am unbekannten Land zu sichern.

DIE BESIEDELUNG DES AMERIKANISCHEN WESTENS

Mit der Formulierung »Wilder Westen« wird sehr grob das Gebiet westlich des Mississippi eingegrenzt, das in der zweiten Hälfte des 19. Jahrhunderts nach und nach besiedelt wurde. Heute werden mancherorts diese Wanderungen in sogenannten Historical Reenactments nachgespielt. Dabei kann man natürlich nicht auf die typischen Planwagen und Pferde als Zugtiere verzichten.

FOYIL: ED GALLOWAY'S TOTEM POLE PARK

In der Nähe des Örtchens Foyil in Oklahoma liegt ein Park mit zahlreichen farbenfrohen Totempfählen. Überragt wird die Anlage vom größten Totempfahl der Welt mit einer Höhe von 30 Metern. Im Jahr 1937 in Ruhestand gegangen, arbeitete der Volkskünstler Ed Galloway volle elf Jahre daran, aus 34 Tonnen Zement und Stahl und rund 100 Tonnen Sand dieses Denkmal für die Ureinwohner zu schaffen. Das von 25 Totempfählen gestützte Fiddle House enthielt einst etwa 300 aus unterschiedlichen Hölzern handgefertigte Instrumente, von denen jedoch nach dem Tod Galloways 1962 die meisten abhandenkamen. Auch der Park war zunächst dem Verfall preisgegeben, wurde aber Anfang der 1990er-Jahre restauriert. Der Totem Pole Park wurde 1999 in das US-amerikanische Verzeichnis historischer Stätten aufgenommen.

Unten links: 200 Indianerköpfe zieren den auf einer Schildkröte ruhenden größten Totempfahl der Welt. Gekrönt wird er von vier Figuren, die berühmte Häuptlinge darstellen, u. a. Geronimo und Sitting Bull. Ed Galloway arbeitete über zehn Jahre an diesem Kunstwerk aus Zement, Stahl und rotem Sandstein. Ein Besuch im Park ist recht kurzweilig, ständig meint man, neue Figuren an den Skulpturen zu finden.

TULSA

Aus dem verschlafenen Tulsey Town wurde nach dem Ölboom um das Jahr 1900 das geschäftige Tulsa, die »Oil Capital of the World«, mit knapp 400 000 Einwohnern die zweitgrößte Stadt Oklahomas. Thomas Gilcrease, ein wohlhabender Ölbaron, hinterließ im Gilcrease Institute eine eindrucksvolle Sammlung mit Gemälden aus der Indianerzeit. Die 11th Street folgt der historischen Route 66 durch die Stadt und wird von fantasievollen Art-déco-Gebäuden wie dem Warehouse Market, der nach der Depression in den Lido Club umgewandelt wurde, gesäumt. Die Boston Avenue Methodist Church aus dem Jahr 1929 mit ihrer verspielten Fassade überragt die Häuser. Die Tankstelle des Route-66-Gründers Cyrus Avery ist längst verfallen, und auch die Motels und Drive-ins aus der glorreichen Zeit wurden von neuen Gebäuden verdrängt.

Die Boston Avenue Methodist Church gilt als eines der besten Beispiele für den Art-déco-Stil in Amerika und wurde aus vielen verschiedenen Materialien erbaut. So wurden die Reiterfiguren an der Fassade beispielsweise aus Terrakotta kreiert (unten Mitte). Von weithin sichtbar ist der Turm (unten rechts). Seine Spitze soll zwei betende Hände darstellen und die klaren Linien das symbolische Streben in Richtung Gott.

OKLAHOMA CITY

Die Hauptstadt des gleichnamigen Bundesstaates bietet eine Fülle von Besichtigungsmöglichkeiten bei diesem Etappenziel, für das man sich etwas Zeit gönnen sollte. Als eine der größten Städte der Great Plains stellt sie auch das wirtschaftliche und kulturelle Zentrum der Region dar. Als Ende 1928 in dem Gebiet Öl entdeckt wurde, wuchsen Einwohnerzahl und Infrastruktur sprunghaft an. Offiziell gegründet wurde OKC, wie die Stadt in Kurzform genannt wird, im Jahr 1890, nachdem drei Jahre zuvor hier ein Eisenbahndepot namens »Oklahoma Station« entstanden war. Zur Geschichte der Stadt zählt auch das Erbe der Cowboys und Indianer, dem das National Cowboy and Western Heritage Museum gewidmet ist. Noch heute findet in Stockyard City regelmäßig die größte Viehauktion des Landes statt, bei der man den Verkauf der Rinder live mit verfolgen kann.

Unten: Die St. Joseph Old Cathedral setzt mit ihren roten Steinen einen deutlichen Kontrast zu den modernen Wolkenkratzern. Direkt daneben befindet sich das Oklahoma City National Memorial, in dem der 168 Opfer des Bombenanschlags von 1995 auf das Alfred P. Murrah Federal Building gedacht wird. Auch die Kirche wurde dabei zu großen Teilen zerstört und über zwei Jahre wiederaufgebaut.

OKLAHOMA CITY: BRICKTOWN

Der Stadtteil Bricktown – so genannt wegen der traditionell aus Backstein (Englisch »bricks«) erbauten Gebäude – ist ein gutes Beispiel für die umfassende Neugestaltung der Innenstadtbereiche in den letzten Jahren. Zu Beginn des 20. Jahrhunderts errichteten hier zahlreiche Unternehmen und Bahnbetriebe ihre Lagerhallen. Nachdem die Gebäude lange Zeit leer standen, wandelt sich das Viertel nun in einen Entertainment-Distrikt. Zentrum des Stadtteils ist das 1998 eröffnete Baseballstadion, das bis zu 13 000 Zuschauer fasst. Heute bietet Bricktown in stilvoll renovierten Lagerhallen entlang des gleichnamigen Kanals erstklassige Restaurants und Clubs, in denen die Gäste genussvolle Stunden mit Blick auf das Wasser verbringen können. In den Abendstunden verwandelt sich der Kanal, auf dem Wassertaxis unterwegs sind, in ein festlich erleuchtetes Lichtermeer.

Früher ein Handels- und Lagerzentrum, heute ein florierendes Unterhaltungsviertel – das ist Bricktown. Durchquert wird es vom Bricktown Canal, der gesäumt wird von einer Vielzahl an Restaurants und Bars (unten links). Besonders Touristen nutzen gern die Taxiboote, die einen von Lokal zu Lokal bringen. Auch die Statue von Baseball-Legende Johnny Bench lässt sich hier finden (unten rechts).

OKLAHOMA CITY: OKLAHOMA STATE CAPITOL

Wie viele hochrangige Regierungs- oder Justizgebäude in den USA ist auch das State Capitol in Oklahoma City dem Stil des Weißen Hauses in Washington, D.C. nachempfunden. Der Sitz der Legislative des Bundesstaates Oklahoma wurde im Jahr 1919 erbaut und später um eine Kuppel ergänzt. In dem Gebäude am Lincoln Boulevard sind einige Gemälde eines Künstlers mit indianischer Abstammung zu sehen: Der vom Stamm der Yuchi abstammende Wayne Cooper widmete sich in einigen Darstellungen auch dem Ölboom in Oklahoma. Noch heute versinnbildlicht ist dies auf dem Gelände des State Capitol: In direkter Nachbarschaft befindet sich seit dem Jahr 1928 ein Ölförderturm als Zeichen dafür, dass in diesem Gebiet ab Anfang des 20. Jahrhunderts Öl gefunden wurde. Der Wohnsitz des Gouverneurs befindet sich ebenfalls auf dem Gelände – die Governor's Mansion mit sehenswertem Ballsaal kann in geführten Touren besichtigt werden.

Über 650 Räume umfasst das Oklahoma State Capitol und ist nicht nur Sitz der Legislative, sondern auch Veranstaltungsort wechselnder Kunstaustellungen (rechts). Auch die Kuppel (Bilder unten) ist schon ein Kunstwerk für sich, am besten zu sehen von der Galerie des vierten Stockwerks aus.

OKLAHOMA CITY: NATIONAL MEMORIAL

1995 wurde Oklahoma City von einem der schwersten Bombenanschläge der USA heimgesucht, bei dem 168 Menschen ihr Leben verloren. Die Berichte über das verheerende Attentat auf das Alfred P. Murrah Federal Building gingen damals – noch vor den Terroranschlägen vom 11. September 2001 – um die ganze Welt. Zum Gedenken der Opfer wurde 2000 an der Stelle des zerstörten Gebäudes ein aus mehreren Teilen bestehendes Denkmal eingeweiht: Die reflektierende Wasseroberfläche eines Wasserbeckens symbolisiert die gedankliche Reflexion. Erhalten blieben die beiden noch bestehenden Grundmauern und ein Zaun, an dem Erinnerungsstücke hinterlassen werden. Ein Feld mit 168 leeren Stühlen steht für jedes Opfer, unter denen sich auch Kinder befanden. Seit dem Jahr 2001 zeigt das Museum Hintergründe und Wissenswertes zum Anschlag.

Das City National Memorial ist von Symbolen und Bedeutungen geprägt. So trägt eines der zwei Gates of Time die Uhrzeit 9.03, den Zeitpunkt nach der Explosion. Das Pendant auf der anderen Seite des Reflecting Pool zeigt den letzten Moment des Friedens, 9.01 Uhr, an.

OKLAHOMA CITY: NATIONAL COWBOY & WESTERN HERITAGE MUSEUM

Dieses Museum über die Geschichte, Kunst und Kultur des amerikanischen Westens wurde im Jahr 1955 ursprünglich als »Cowboy Hall of Fame« gegründet. Es beherbergt rund 28000 Kunstwerke und Artefakte der Ureinwohner und Pioniere ebenso wie zeitgenössische Kunst. Die American Cowboy Gallery zeigt das Leben der Rinderhirten von der spanischen Kolonialzeit bis ins 20. Jahrhundert hinein. Weitere Ausstellungen befassen sich mit dem Thema Rodeo, mit historischen Waffen oder Persönlichkeiten, die die Legenden des Wilden Westens prägten. Prosperity Junction ist der Nachbau einer typischen Rinderstadt um das Jahr 1900, und im Children's Cowboy Corral können sich Kinder verkleiden und spielerisch die Welt der Cowboys entdecken. In den übrigen Hallen sind unter anderem Gemälde, Skulpturen, Fotos und historische Dokumente sowie Wechselausstellungen zu sehen.

Die Dauerausstellung Western Performers widmet sich der Darstellung des Westens in Literatur, Kunst und Film über die Jahrzehnte bis heute. Auch Sammelstücke aus dem Besitz John Waynes werden hier präsentiert.

OKLAHOMA CITY: MYRIAD BOTANICAL GARDENS

Der botanische Garten bildet inmitten von Downtown Oklahoma City eine Oase der Ruhe und Beschaulichkeit. Im Jahr 1988 eröffnet, wurde er um einen See herum angelegt. Die gläserne Crystal Bridge Tropical Conservatory ist als Mittelpunkt der Anlage gestaltet, das eine Brücke über den See darstellt. Einer üppigen Urwaldlandschaft nachempfunden – mit dem entsprechenden tropischen Klima –, präsentieren sich hier über 700 Pflanzenarten, Palmen und sogar Wasserfälle, die ganz vergessen lassen, dass man sich inmitten einer pulsierenden Großstadt befindet. Auch der schöne Außenbereich der Anlage am 301 West Reno kann auf seinen weitläufigen Spazierwegen genossen werden, die sich über sanfte Hügel und entlang von Wasserwegen durch den Park ziehen. Kunstwerke wie eine kinetische Windskulptur sind auch zu sehen. Für Kinder ist ein eigener Bereich angelegt.

Die beeindruckende Konstruktion der Crystal Bridge Conservatory (links und Bildleiste) beherbergt über 750 verschiedene Pflanzenarten und ein echtes Tropenklima. Der Außenbereich ist dagegen etwas erfrischender mit dem üppigen Hellgrün und den Wasserläufen (großes Bild). Damit sind die Myriad Botanical Gardens ideal für entspannte Spaziergänge an einem heißen Tag in Oklahoma City.

WICHITA MOUNTAINS NATIONAL WILDLIFE REFUGE

Das wenig bekannte und ruhige Naturschutzgebiet im Westen von Oklahoma ist nach den nordamerikanischen Wichita-Indianern, die zu den Prärieindianern gezählt werden, benannt. Das knapp 240 Quadratkilometer große Schutzgebiet ist von weitläufiger und sehr hügeliger Prärielandschaft geprägt. Hier finden Bisons auch heute noch ideale Lebensbedingungen vor. Allerdings waren sie aus dem Gebiet verdrängt worden und mussten, wie die Elche auch, erst wieder eingeführt werden. Außerdem beheimatet der Park Hirsche und kleinere Tiere wie Präriehunde und Kojoten. 240 verschiedene Vogelarten, 64 Amphibien- und Reptilienarten, in den Seen einen erstaunlichen Fischreichtum und darüber hinaus etwa 800 verschiedene Pflanzenarten weist dieses Idyll auf. Für Geologen sind die über 500 Millionen Jahre alten Gesteinsformationen interessant.

Unten: Der Sonnenuntergang über der Prärie ist geradezu eine Einladung zum Verweilen und Entspannen. Vielleicht auf einem der großen, roten Steine, angelehnt an den Stamm eines knorrigen Baumes? Für die aktiveren Besucher lohnt sich auch die Wanderung auf den Mount Scott, von dem man einen grandiosen Ausblick auf die Umgebung hat. Beliebt ist er auch zum Klettern.

TIERWELT IN DEN WICHITA MOUNTAINS

Die Wichita Mountains befinden sich in einer feucht-subtropischen Klimazone, mit heißen und trockenen Sommern, höherer Tornadogefahr im Frühjahr und gemäßigten Wintern ohne starke Kälteeinbrüche. In den eher trockenen Gebieten der Great Plains, den typischen Prärielandschaften, sind die Bisons nach starker Dezimierung in den Zeiten der Einwanderungen hier mittlerweile wieder heimisch. 1907 wurden die Tiere erneut angesiedelt, heute sind Herden mit knapp 1000 Tieren ansässig. Etwa zur gleichen Zeit wilderte man auch eine Wapitiherde aus, die heute auf ungefähr 700 Tiere kommt. Nachdem ein Jahrzehnt später auch das Texanische Longhorn angesiedelt werden konnte, zählt man heutzutage rund 300 Tiere im Bestand. Reptilien wie die Halsbandleguane sind typisch für die trockenen Zonen. Knapp 60 Arten kommen hier vor, wobei die heimische Texas-Klapperschlange zu der für den Menschen gefährlichsten Tierart zählt. Zu den hier lebenden Säugetieren gehören die gut zu beobachtenden, immer emsigen Präriehunde. In den feuchteren Zonen gibt es hauptsächlich Eichenwälder, die von zahlreichen Vogel- und Säugetierarten bevölkert sind. Wilde Truthähne sowie seltene Spechtarten sind hier auch zu sehen. Wildschweine und diverse Arten von Eichhörnchen fühlen sich in den Wichita Mountains ebenso wohl.

Neugierig blicken das Texas Longhorn (großes Bild), der Präriehund (unten) und der farbenfrohe Halsbandleguan (ganz unten) in die Augen des Betrachters. Die Bisons (links) hingegen lassen sich beim Grasen nicht stören. An die 400 verschiedene Tierarten finden in dem Naturschutzgebiet eine Heimat. Die Landschaft variiert zwischen trockener Prärie und grünen Wäldern, besonders an den Seen und Flüssen.

RED ROCK CANYON STATE PARK

Der Red Rock Canyon gab schon in früheren Zeiten Indianern Schutz vor den ständig herrschenden Präriewinden. Sie nutzen die aus rotem Sandstein bestehenden Felsformationen besonders in den Wintermonaten, um hier ihr Quartier aufzuschlagen. Zu ihnen zählten die Blackfoot, Cheyenne, Comanchen, Apachen und Towankas. Die Siedler machten beim Durchqueren dieser Region ebenfalls hier Halt, um frisches Wasser nachzufüllen und ihre Planwagen instand zu setzen für die Weiterreise auf dem California Trail. Ihre Wagenspuren sind teils heute noch auf der Westseite des Canyons auszumachen. Den Park erreicht man nach Durchfahrt von Hinton über die Abzweigung von der Route 66 nach etwa zehn Kilometern. Der Canyon kann auf verschiedenen Touren erklettert werden und bietet fantastische Aussichten, faszinierend vor allem während des Indian Summer.

Auf den ersten Blick erscheint der Park westlich von Oklahoma City staubig und trocken mit seinen roten Felswänden aus Sandstein und den kahlen Bäumen, deren Wurzeln kaum Halt auf dem steinigen Boden zu finden scheinen. Aber auch kleine Wassermulden findet man hier, und um sie herum erblüht nicht selten sofort saftig-grüne Flora. Wem ein Tagesausflug nicht genügt, findet hier auch Campingplätze.

CLINTON: ROUTE 66 MUSEUM

Es ist das größte seiner Art auf der gesamten Strecke: Das Route 66 Museum in Clinton ist immer einen Stopp wert. Im gegenüberliegenden, historischen Tradewinds Motel aus dem Jahr 1949 übernachtete sogar oft Elvis auf seinen Konzerttourneen. Im Museum findet man jede Menge Exponate und Überbleibsel aus der Blütezeit der historischen Route 66. Man erfährt in kurzen Filmvorführungen während eines Rundgangs viel Wissenswertes über die Geschichte der »Mutter aller Straßen«, kann sich mit den stimmungsvollen Bildern etwas in ihre Glanzzeit zurückversetzen lassen. Ein originales Valentine Diner befindet sich ebenfalls auf dem Museumsgelände. Das Museum wurde 1995 auf Initiative von Walter S. Mason Jr. erbaut, der ursprünglich ein Landtierarzt war. Heutzutage untersteht es der staatlich geführten Oklahoma Historial Society.

Die zahlreichen Exponate und originell eingerichteten Räume des Route 66 Museum in Clinton möchten jeden Besucher in die Blütezeit des Highways zurückversetzen. Und mit den klassischen Schildern, Zapfsäulen, Jukeboxen und roten Barhockern gelingt das außerordentlich gut! Das Museum informiert über den Bau und die Geschichte des Highways. Ein Souvenirshop darf natürlich auch nicht fehlen.

SHAMROCK

Auf der historischen Route 66 von Oklahoma nach Texas reisend, erreicht man als ersten texanischen Ort Shamrock. Der Name Shamrock geht zurück auf das irische Symbol des Kleeblatts (Englisch »shamrock«), da der irische Schäfer George Nickle 1890 eine Poststation hier errichten wollte. Berühmt ist die Stadt für ihren Conoco Tower, eine ehemalige Tankstelle und das dazugehörige legendäre Café-Restaurant »U-Drop-Inn«. Das wunderschöne Art-déco-Gebäude stammt aus dem Jahr 1936. Speziell nachts ist das beleuchtete Ensemble sehenswert. Die Zapfsäulen der »Tower Station« sind nur Attrappe, und im Kassenraum befindet sich ein kleiner Souvenirladen. Zu dem Komplex zählt auch ein Museum und ein Visitor Center, von der Stadt erbaut, nachdem sie das Gebäude 1997 von der First National Bank erhielt und vor dem weiteren Verfall nach Aufgabe der Route 66 rettete.

1938 erbaut, war das U-Drop-Inn in Shamrock eines der bekanntesten Stopps an der Route 66. Das im Art-déco-Stil errichtete Gebäude bestand aus einer Tankstelle und einem Café. Heute steht es unter Denkmalschutz und es werden hier wieder Essen und Getränke verkauft.

MCLEAN

Ursprünglich war McLean in Texas als Bahnstation der Rock Island Railway entstanden, die 1901 hier eingerichtet wurde. Der reiche Rancher Alfred Rowe hatte das Land hierfür gespendet, damit er die Möglichkeit hatte, sein Longhornvieh per Eisenbahn zu den weiter entfernten Märkten wie den in Chicago zu transportieren. Der Ölboom Mitte der 1920er-Jahre und die Begründung der Route 66 als Highway trugen zum Wohlstand der Stadt bei. Ein heutzutage gern fotografiertes Schmuckstück an der »Mother Road« ist die historische »Phillips 66«-Tankstelle am Straßenrand von McLean. Eröffnet wurde sie im Jahr 1927 durch die Phillips-Brüder, die in dieser Gegend 1905 Öl entdeckten und eine Raffinerie begründeten. Sie war die erste Tankstelle an der Route 66, die nach ihrer Schließung 1977 und ihrem allmählichen Verfall wieder komplett renoviert wurde.

Ein winziges Steinhäuschen, zwei orangerote Zapfsäulen und der farblich passende historische Tankwagen – an der Route 66 reicht das aus, um einen Ort berühmt zu machen. Schade eigentlich, dass man an der Phillips Service Station heute keinen Treibstoff mehr bekommt.

CONWAY

Normalerweise fährt man auf der Interstate an dem kleinen Ort Conway, der nur aus ein paar Häusern besteht, einfach vorbei. Aber seitdem 2002 die Familie Crutchfield die »Bug Ranch« erschuf – als kleines Kunstwerk und ähnlich gestalteter Gegenpart zur berühmten »Cadillac Ranch« in Amarillo –, gibt es einen guten Grund mehr, hier vorbeizuschauen: Anstelle von in den Boden gerammten Cadillacs wie in Amarillo, fasziniert hier eine Reihe von guten alten VW-Käfern, den »Bugs«, die frontal schräg in den Wüstensand gepflanzt und bunt angestrichen wurden – natürlich um Aufmerksamkeit zu erregen für den Ort, der einst ein Anlaufpunkt an der Route 66 war. Die Crutchfields betrieben hier ab Ende der 1960er-Jahre einen gut gehenden Snack- und Trödelladen. Abgehängt von Eisenbahn und historischer Route sind solch markante Punkte in der Region überlebenswichtig.

Fünf VW-Käfer fanden ihre letzte Ruhe in der Bug Ranch nahe Conway. Bunt besprüht stecken sie in der Erde und stellen eine Nachbildung der weitaus bekannteren Cadillac Ranch bei Amarillo dar. Und auch hier darf man selbst seine farbenfrohen Spuren hinterlassen.

GROOM

Mangels Ortsschildern stehen in den USA manchmal die Namen der Orte auf den hohen Wassertürmen mitten auf dem freien Feld. Das Wahrzeichen von Groom hingegen ist ein schief stehender Wasserturm – und nicht der Ortsname prangt in großen Lettern auf dem Behälter, sondern der Name »Britten« des Eigentümers dieses windschiefen Konstrukts. Tatsächlich hatte Ralph Britten den ausgedienten Turm gekauft und ihn um etwa zehn Grad zur Seite geneigt aufgestellt, um ihn als Aushängeschild für seinen Truck Stop zu nutzen. Vermutlich war es ein Marketing-Gag, der aber auch wie ein Zeichen der Zeit wirkt, was den historischen Streckenverlauf der alten Route 66 betrifft. Ein weiteres markantes Signal setzt das »Giant Cross«, ein 58 Meter hohes weißes Kreuz, das 1995 von Steve Thomas als Protest gegen zu viele pornografische Schilder etwas außerhalb von Groom errichtet wurde.

Verschiedene Geschichten versuchen den Schiefstand des Britten-Wasserturms zu erklären. Der wahre Grund scheint der Wunsch nach Einzigartigkeit zu sein, den Ralph Britten dazu trieb, den Turm bei einer Auktion zu erstehen.

PALO DURO CANYON STATE PARK

Mit seiner Länge von rund 195 Kilometern ist der Palo Duro Canyon der zweitlängste Canyon der USA. Geformt wurde er durch den Prairie Dog Town Fork Red River, der noch immer durch die Schlucht fließt. Die Schlucht wird von knapp 350 Meter hohen Klippen eingerahmt, einsame Indianerpfade führen tief in den Canyon hinein und zu den schönsten Felsformationen. Der ehemalige Unterschlupf kriegerischer Comanchen liegt südlich von Amarillo. Die Ureinwohner benutzten den Canyon als Ausgangspunkt für ihre Raubzüge. Erst im Jahr 1876 wurden sie von Colonel Mackenzie im Südosten des heutigen Parks geschlagen. Der erste weiße Siedler war Charles B. Goodnight, der im Jahr 1876 mit 1600 Rindern nach Nordtexas kam. Eine Nachbildung seiner Hütte steht im Canyon. Das beliebte Fotomotiv des Lighthouse Rock ragt wie ein Leuchtturm aus dem Boden.

Der Lighthouse Rock ist die wohl bizarrste Formation des Parks (links). Bewohnt wird das Gebiet um den Canyon auch heute noch von einer reichen Tierwelt. So findet man hier Berberschafe (auch als Mähnenspringer bekannt), Truthähne und Rehe (Bildleiste von oben nach unten). Bei einer Wanderung durch den Park kann man verstehen, warum er auch als »Grand Canyon von Texas« bezeichnet wird.

COWBOYS: FÜR EINE HANDVOLL DOLLAR

Cowboys gab es schon im 17. Jahrhundert. Im Frühling des Jahres 1655 trieben irische Kriegsgefangene, die von Cromwell nach New England deportiert worden waren, eine kleine Herde Mastrinder von Springfield nach Boston. Hundert Jahre später wurde das Wort Cowboy für die Rinderhirten von Virginia, Carolina und Georgia gebräuchlich. In Texas tauchten Cowboys erst nach dem texanischen Unabhängigkeitskrieg von 1830–1836 auf. 1902 begründete Owen Wister in seinem Roman »The Virginian« den Prototypen des wortkargen und romantischen Helden als Vorbild aller Cowboys im 20. Jahrhundert. Vor allem waren sie harte Arbeiter: Für 30 Dollar im Monat, Verpflegung und Unterkunft schufteten sie von frühmorgens bis spät in die Nacht. Die Hauptarbeit mit den Rindern wartete im Frühling und Herbst, wenn die Tiere zusammengetrieben, gezählt und mit Brandzeichen versehen wurden. Jeder Cowboy hatte sein bestimmtes Aufgabengebiet: Mit den Cutting Horses wurden Rinder von der Herde getrennt, die Ropers fingen die Tiere mit dem Lasso und die Flankers warfen sie auf die Seite. Der Ironman brannte dem Tier das Brandzeichen ein. Im Winter wurden die meisten Cowboys entlassen. Sie lebten von ihrem ersparten Geld oder mussten sich ihre Mahlzeiten manchmal auch erbetteln.

Auch wenn sich die Arbeitsbedingungen der Cowboys und -girls heute geändert haben, haftet dem Beruf noch immer ein romantisches Image an: Einsam und auf sich gestellt ziehen sie mit den Tieren durch die endlosen Weiten der Prärie oder der Rocky Mountains, wie hier in den Bighorn Mountains in Wyoming. Heute arbeiten die Pferdetreiber meist für ein oder zwei Ranches und legen weniger Kilometer zurück.

AMARILLO

Eine der Hauptattraktionen von Amarillo ist ganz typisch für Texas – und von besonders großer Bedeutung für Liebhaber von mächtigen Steaks: die »Big Texan Steak Ranch«. Im »Steakland« Texas ist dieses Grill-Restaurant das Nonplusultra, da es ein zwei Kilogramm schweres Beefsteak kostenlos zum Verzehr anbietet – wenn man es schafft, das Fleischstück in weniger als einer Stunde zu verspeisen. Ansonsten werden 75 US-Dollar fällig. Auf Wunsch wird man für dieses lukullische Mahl sogar extra mit einer Longhorn-Limousine von seinem Hotel abgeholt. Zwar gehört das »Big Texan« nicht direkt zur Route 66, auch nicht zur historischen Streckenführung, denn einst verlief die Straße praktisch schnurgerade nach Amarillo rein. Die Steak Ranch hingegen liegt an der Interstate 40. Dennoch sollte man es nicht versäumen, dort ein Dinner zu sich zu nehmen.

Lokale wie das Big Texan Steak Ranch Restaurant (Bilder links) erinnern heute noch an die große Zeit der Ranches in dem Gebiet. Bekannt ist es für die »72oz Steak Challenge«. Wer es schafft, das 2,04 Kilogramm schwere Steak in unter 60 Minuten komplett zu essen, bekommt das Geld für das Menü zurück. Aber auch andere Seiten Texas' lernt man in Amarillo kennen, wie die bunten Häuserzeilen in Downtown (unten).

FOUNDATION

AMARILLO: THE AMERICAN QUARTER HORSE HALL OF FAME

Einer der größten Pferdezuchtverbände errichtete die American Quarter Horse Hall of Fame zur Ehrung von Pferden und Züchtern.

AMARILLO: CADILLAC RANCH

Eine weitere Attraktion, die für Amarillo steht, ist die legendäre »Cadillac Ranch«. Kurz hinter dem Ortsausgang befindet sich das bekannte Wahrzeichen freistehend mitten auf einem Acker: zehn bis zur Hälfte hintereinander schräg in den Boden eingelassene Cadillacs, die mit dem Heck aus dem Erdreich herausragen. Die Künstler Chip Lord, Hudson Marquez und Doug Michels der Künstlergruppe Ant Farm erschufen 1974 diese Kunstinstallation, wobei die Cadillacs die Freiheit symbolisieren, die das Automobil mit all seiner Faszination und Anziehungskraft für die Menschen mit sich brachte. Der Helium-Millionär Stanely Marsh III stellte das Grundstück dafür zur Verfügung. Das Aussehen der Vehikel verändert sich ständig, da die Künstlergruppe ausdrücklich darum bat, dass Besucher sich hier mit ihren eigenen Graffiti und Malereien verewigen sollen.

Links: Wer ist bunter, der Regenbogen oder die gesprayten Cadillacs? Eine Frage, die wohl nicht so leicht zu entscheiden ist. Als Kunstinstallation wird diese Kuriosität der in den Boden eingegrabenen Autos bezeichnet. Und es ist ein interaktives Kunstwerk: Jeder darf und soll seine Spuren hinterlassen, und so werden die Autowracks immer wieder neu übersprüht und angemalt.

WESTERN MOVIES

»Spiel mir das Lied vom Tod«, »12 Uhr mittags« oder »Die glorreichen Sieben« – jeder dieser Westerntitel ruft sofort Bilder hervor. Immer geht es um die Eroberung des Westens der USA durch die neuen Siedler: Da preschen wackere Helden durch die staubtrockene Wüste, liefern sich im Saloon mit Banditen eine zünftige Schlägerei, um schließlich in einer großen Schießerei gegen die feindlichen Indianer zu gewinnen. Größen wie James Dean, John Wayne und Charles Bronson haben legendäre Western-Cowboys gespielt. Und wenn es eine Landschaft gibt, die typisch für den Western ist, dann ist es das Monument Valley. Hier ragen skurrile Tafelberge aus der roten Sandlandschaft, nur ein paar Kakteen tupfen etwas Grün. Seine große Zeit hatte das Genre in den 50er- und 60er-Jahren des letzten Jahrhunderts: Damals glichen die Westernhelden noch den tapferen Rittern des Mittelalters, tief moralisch für das Gute und gegen die meist bösen, ja verschlagenen Indianer kämpfend. Mit der ersten Karl-May-Verfilmung, mit den Blutsbrüdern Winnetou und Old Shatterhand änderte sich das Bild – ein Nebeneinander der Kulturen schien möglich. Bis heute lebt das Genre immer wieder auf, etwa im epischen Film »Der mit dem Wolf tanzt« von 1990, dem bis heute an den Kinokassen erfolgreichsten Western.

Ob James Dean in »Giganten«, Dean Martin in »Rio Bravo« (linke Bildleiste) oder die Westernlegenden John Wayne und Randolph Scott (rechte Bildleiste) in ihren zahlreichen Filmen: Nicht nur bei Westernfans sind diese Helden und ihre Filme für immer unvergesslich. Die Landschaft im Südwesten der USA bildet bis heute die ideale Kulisse für ihre Geschichten. Großes Bild: Stephen Baldwin beim Dreh.

NEW MEXICO

Der fünftgrößte Bundesstaat, über dessen Landschaft aus malerischen Gesteinen sich meist ein strahlend blauer Himmel spannt, nennt sich auch »Land der Verzauberung«. New Mexico verläuft westlich und nördlich des majestätischen Rio Grande und liegt auf einer Hochebene, auf der windabgewandten Seite der Rocky Mountains. Hier herrscht durchweg ein trocken-heißes Klima. Die kreative Pflege des Erbes der legendären Hochkulturen drückt sich in der bunten ethnischen Gegenwart aus. Dörfer mit ihren Lehmziegelhäusern heißen hier seit den spanischen Eroberern »Pueblos«.

Santa Fe bietet mit spanischem Flair eine willkommene Abwechslung für Reisende auf der Route 66: Statt Leuchtreklamen und Tankwägen findet man hier Adobehäuser und traditionelle Kunst, stolz von den Stadtvätern bewahrt und gegen Hochhäuserbau geschützt.

Gleich nach dem Passieren der Grenze von New Mexico erreicht man Tucumcari als nächstgrößeren Ort. Der Name ist dem Tucumcari Mountain entlehnt, der im Südosten der Stadt gelegen ist – könnte sich aber auch auf die Legende einer unerfüllten Liebe beziehen. Für den Pixar-Trickfilm »Cars«, der das Thema der Route 66 aufgreift, bildete der Berg die Vorlage des »Radiator Spring Mountain«. Ein Slogan der Stadt lautet »Tucumcari tonight« – damit bewirbt der Ort sein allabendliches Nachtleben, das mit Neonlichtern und Reklamen in Spektralfarben an seinen Hotels, Motels, Bars und Restaurants die Main Street in einen spektakulären Lichterglanz taucht. Am bekanntesten sind wohl die Lichtreklamen des Blue Swallow Motel und des gegenüberliegenden Safari Motel, die noch heute den Charme der historischen Route 66 der 1940er-Jahre ausstrahlen.

Der typische Schilderwald ist auch in Tucumcari nicht zu übersehen (links). Und auch den einen oder anderen Oldtimer trifft man hier an, wie beispielsweise dieser Pontiac Bonneville vor dem Blue Swallow Motel (unten). Als eines der wenigen immer noch betriebenen Motels an der Route 66 präsentiert es sich authentisch und wirbt nicht wie andere mit »Free WiFi«, sondern nach wie vor mit »100% Refrigerated Air«.

SANTA FE

Santa Fe, die Hauptstadt von New Mexico und zweitälteste Stadt der USA (nach St. Augustine in Florida), hat sich ihren spanischen Charakter bewahrt. Mittelpunkt dieses Mekkas für Künstler ist die von Adobehäusern umgebene Plaza mit zahlreichen Galerien und Workshops. Unter den Vorbaudächern breiten Pueblo-Indianer ihre Decken aus und verkaufen Türkisschmuck. Den historischen Atem von Santa Fe spürt man im Palast des spanischen Gouverneurs, dem ältesten öffentlichen Gebäude der USA. Zu den interessantesten Kirchen gehört gleich gegenüber die San Miguel Chapel, die älteste Kirche der USA (1610–1626). Eifersüchtig achten die Stadtväter auf den ursprünglichen Charme ihrer Stadt: In Santa Fe sind weder Hochhäuser noch gesichtslose Bürogebäude erlaubt, spanischer Charme und indianische Kultur gingen hier eine farbenprächtige Ehe ein.

Links: Der Blick durch das abendliche Santa Fe auf die Saint Francis Cathedral mit ihren markanten niedrigen Türmen zeigt den entspannten Charme der Stadt. Unten: Im leichten Abenddunst erstrahlt die Stadt in warmen Farben. Besonders deutlich wird bei dieser Ansicht die überwiegende Verwendung von Flachdächern, die zum spanischen Image von Santa Fe beiträgt.

ADOBEHÄUSER

Als eine der ältesten Städte des amerikanischen Westens ist Sante Fe unter dem Stadtmotto »The City Diffferent« für ihre historischen Straßenzüge, traditionellen Gebäude und die kulturelle Szene bekannt. Schon früh erkannten ihre Stadtväter, wie wichtig die Bewahrung und Verschönerung des Stadtbilds für ihre Stadt ist. Deshalb wurde ab 1912 für jedes neue Gebäude der traditionelle Pueblo-Baustil, die Adobe-Bauweise, verpflichtend. Beim »Spanish Pueblo Revival Style« werden Lehmziegel, die Adobe, verwendet, die aus Lehm (Sand, Schluff und Ton) hergestellt und an der Luft getrocknet einen Pastellton in Beige, Rot oder Braun bekommen – ähnlich den vorherrschencen Farben der Landschaft im Südwesten der USA. Genauso bauten hier die spanischen Siedler schon im 16. Jahrhundert. Die Flachdachhäuser mit ihren guten Dämmwerten bewähren sich aber nur in trockenen und heißen Klimazonen. Charakteristisch für die Adobebauten sind außer ihrem Material auch die abgerundeten Kanten, unregelmäßige Brüstungen und Abschlüsse sowie dicke und absichtlich unebenmäßig gestaltete Mauern. Die schönsten Beispiele für diesen Baustil in Santa Fe sind das New Mexico Museum of Art und das La Fonda Hotel, beide zwischen 1917 und 1929 erbaut.

Orange-braune Hauswand, weiße Fenster- und Türumrahmung, eine hellblaue Tür und dann auch noch gelbe und lilafarbene Blumen davor – wer denkt, dass das viel zu bunt ist und nicht zusammenpasst, war noch nicht in Santa Fe.

GEORGIA O'KEEFFE

Sie wurde fast 100 Jahre alt und lebte Jahrzehnte abgeschieden in der amerikanischen Wüste in New Mexico: Georgia O'Keeffe (1887–1986) ist die wohl bekannteste amerikanische Malerin des 20. Jahrhunderts. Aufgewachsen auf einer Farm im amerikanischen Wisconsin, wurden die Eindrücke einsamer Natur und ihrer Formen für die später entwickelte Bildwelt Georgia O'Keeffes bestimmend. Zwischen 1905 und 1908 studierte sie Kunst in Chicago und New York und arbeitete als Werbezeichnerin und Kunsterzieherin. Bei ihrem Lehrer Arthur Dove lernt sie, die Natur mit wenigen Linien auf ihr Wesen zurückzuführen. In der folgenden Zeit entstanden nahsichtige Aufnahmen einzelner Blütenkelche, deren präzise Innenseiten als erotisch anspielungsreich interpretiert wurden. 1916 zeigte ihr zukünftiger Mann, Fotograf Alfred Stieglitz, ihre Werke in der von ihm geführten Avantgardegalerie »291« in New York. Mit einer »Porträtsammlung« von 500 Fotos aus 20 Jahren setzte er ihr ein einzigartiges Denkmal. Seit 1929 unternahm O'Keeffe regelmäßige Reisen nach New Mexico, wohin sie nach dem Tod von Stieglitz 1946 endgültig zog. Schädel, Hörner und Knochen wurden in den 1930er-Jahren zu ihren bestimmenden Motiven, was die surrealen Aspekte ihres Schaffens verstärkte. Ihr Spätwerk umfasst riesige Leinwände von Wolkenformationen, visionäre Bilder von mystischer Poesie.

Auch das Georgia O'Keeffe Museum befindet sich in einem der Adobe-Häuser und beherbergt die weltweit größte Sammlung an Werken der Künstlerin, die 1986 in Santa Fe verstarb.

ADOBEHÄUSER

GEORGIA O'KEEFFE

Die historische Plaza bildet das Zentrum und damit das Herz der Stadt Santa Fe. Sie wurde nach Planungsstatuten und auf Anordnung von König Philipp II. im Jahr 1573 entworfen und nach dessen Regeln von den spanischen Siedlern angelegt. Hier spürt man intensiv die Geschichte und Kultur der Stadt mit all ihren spanischen, einheimischen und mexikanischen Einflüssen. Das »Plaza Café«, ein klassisches US-Diner mit New-Mexico-Flair, lohnt einen Besuch, ebenso wie die Märkte und Fiestas, die hier regelmäßig stattfinden. Freunde einzigartiger Bauwerke finden hier zahlreiche Besichtigungsmöglichkeiten: Von der Plaza aus in Richtung Norden gelegen befindet sich der Palast der Gouverneure. 1610 in der für New Mexico typischen Adobe-Bauweise aus Lehmziegeln einstöckig errichtet, ist es das am längsten durchgängig genutzte öffentliche Gebäude der USA.

Das Beste, das man auf und um die Santa Fe Plaza machen kann, ist wohl schichtweg das Flanieren und Genießen der Sonnenstrahlen und der bunten Blumen und Bäume (unten). Oder man lehnt sich auf einer der vielen Parkbänke zurück und lässt die Gedanken ziehen. Wem das zu ruhig ist, dem seien die Märkte und Feste ans Herz gelegt, die hier regelmäßig stattfinden (links).

SANTA FE: CATHEDRAL BASILICA OF ST. FRANCIS OF ASSISI

Im Osten der Plaza von Santa Fe befindet sich die historische Kathedrale, die, zwischen 1869 und 1886 erbaut, ganz im Kontrast zu allen umliegenden Gebäuden steht. Im Stil der Neoromantik gehalten, hebt sich die Kirche auch durch ihre Höhe von der Umgebung ab. Gewidmet ist sie dem heiligen Franz von Assisi, Gründer des Franziskanerordens, der bereits zur Stadtgründung 1607 im Ursprungsnamen enthalten war. 2005 sprach Papst Benedikt XVI. ihr den Status einer päpstlichen Basilika zu. Damit gehört sie zu den besonders bedeutungsvollen Kirchen. Schon die Eingangstür ist wegen der eingelassenen Bronzetafeln sehenswert, die einzelne Stationen der Kirchenhistorie zeigen. Vor der Kathedrale wurden zwei Skulpturen errichtet, eine stellt ihren Erbauer, den Bischof Father Lamy, dar, die andere die erste indianische katholische Heilige, Kateri Tekakwitha.

SANTA FE: CATHEDRAL BASILICA OF ST. FRANCIS OF ASSISI

Beim Betreten der Kathedrale fallen sofort die Bildnisse der 15 Heiligen, mittig darin Franziskus, hinter dem Altar, sowie die farbenfrohen Säulenbögen ins Auge (unten). Doch sie hat noch mehr zu bieten, wie beispielsweise die kunstfertigen Glasfenster. Auch die älteste Marienstatue der Vereinigten Staaten steht hier und das Kruzifix ist eine Nachbildung des Kreuzes von San Damiano in Assisi.

SANTA FE: LORETTO CHAPEL

Südlich des Old Santa Fe Trail befindet sich die Loretto-Kapelle, die von 1873 bis 1878 erbaut wurde. Als Wunder der Architektur ist ihre Treppe zum Choraufgang bekannt: Sie windet sich wie eine Spirale in zwei kompletten 360-Grad-Drehungen über 33 Stufen komplett aus Holz – ohne Stützen und Säulen – zur Empore hinauf. Einer Legende nach wurde sie deshalb in dieser Form errichtet, da für eine normale Treppe in der kleinen Kapelle und ihrem Chor nicht genug Platz vorhanden gewesen wäre. Man hätte deshalb entweder eine Leiter benutzen oder den ganzen oberen Teil der Kapelle abreißen und neu aufbauen müssen. Angeblich hätten die Nonnen tagelang zu dem heiligen Josef von Nazareth, dem Patron der Schreiner, gebetet. Am neunten Tag sei dann ein versierter Handwerker erschienen, der dieses Wunder in Treppenform vollbrachte. Ohne einen Cent Lohn zu verlangen, sei er danach wieder verschwunden.

Die Kapelle dient heute hauptsächlich als Museum und für Hochzeiten. Kein Wunder, denn die außergewöhnliche Wendeltreppe bietet den idealen Ort für Hochzeitsfotos und ist durch die ungeklärte Entstehung besonders mystisch (rechts). Auch das Rosettenfenster verdient Beachtung (unten).

Die ehemalige spanische Missionskirche am Old Santa Fe Trail wurde zu Ehren des Erzengels Michael (auf Spanisch San Miguel) Anfang des 17. Jahrhunderts von Franziskanermönchen und Tlaxcalteken, einem urmexikanischen Volksstamm, zusammen erbaut. Auch den Altar erschufen sie gemeinsam um 1610. Die St. Michael Church, wie die Kirche auch genannt wird, gilt als das älteste Kirchengebäude der USA. Ursprünglich auch im Adobe-Baustil errichtet, sieht man heute nach zahllosen Zerstörungen, Umbauten und Reparaturen von den zwar noch vorhandenen Mauern aus Lehmziegeln an der Außenfassade fast nichts mehr. Jeden Sonntag wird hier auch heute noch eine Messe zelebriert. Rund um die San Miguel Mission sind aus ihrer Entstehungszeit noch einige weitere historische Gebäude zu sehen, mittlerweile zum »Barrio de Analco Historic District« zusammengefasst unter Schutz gestellt.

Links: Das Altarretabel zeigt unten mittig den Namenspatron der Kirche als Statue, darüber Bildnisse von Christus und dem Erzengel Michael. Die ovalen Gemälde zeigen die heilige Theresa von Avila, den heiligen Franziskus von Assisi, die heilige Getrud und den heiliggesprochenen König Ludwig IX. von Frankreich.

OLD SANTA FE TRAIL

Historische Handelsrouten galten immer schon als Wegbereiter für Völkerströme, um neue Gebiete zu erschließen und sich kulturell sowie wirtschaftlich auszubreiten. Auch der Santa Fe Trail wurde maßgeblich zur Eroberung des damals noch »Wilden Westens« genutzt. Er erstreckte sich, je nach Sichtweise, über 1300 bis knapp 1450 Kilometer und verband im 19. Jahrhundert die bereits besiedelte Gegend am Missouri River durch die Wüsten und Prärien hindurch mit dem Südwesten der heutigen USA, den damals mexikanischen Gebieten. New Mexico wurde nach dem Mexikanisch-Amerikanischen Krieg (1846–48) von den Vereinigten Staaten annektiert, was sich auch auf die Handelsströme auswirkte, da sie die erste wirtschaftliche Nutzung des Westens ermöglichten. Lange Zeit stellte der Santa Fe Trail die wichtigste Verbindung zwischen den alten spanischen Territorien und den jüngeren, britisch beeinflussten USA dar. Nicht nur wirtschaftlich, sondern auch kulturell und politisch von Bedeutung, bargen die Handelszüge dennoch eine Reihe von Gefahren, sei es durch Indianerüberfälle oder bedingt durch Wettereinflüsse oder Jahreszeiten. Die Touren dauerten zwischen drei und vier Monaten, wobei man von der Jagd abhängig war für eine geeignete Verpflegung. Teile der Route entsprechen dem heutigen US-Highway 56.

Unten: Das Fort Union National Monument zeigt nicht nur alte Gemäuer des ehemaligen Stützpunkts, sondern auch Kanonen und die klassischen Holzplanwagen. Links: Als Journey's End wird die Skulptur aus mehreren Figuren bezeichnet und stellt die Ankunft eines Planwagens in Santa Fe dar. Ein kleiner Junge kommt mit seinem Hund angelaufen, um das Geschehen zu beobachten.

PECOS NATIONAL HISTORICAL PARK

Von Santa Fe aus erreicht man nach etwa 30 Kilometern dieses über Jahrhunderte bedeutendste Pueblo der ganzen Region. Lange bevor spanische Eroberer die Gegend entdeckten, existierte das teils fünfstöckige Bollwerk und regionale Handelszentrum bereits, das in seiner Blütezeit zwischen 1450 und 1550 knapp 2000 Einwohner beherbergte. Strategisch günstig auf einem kahlen Berg gelegen, hatte man freie Sicht auf das Umland. Pecos war durch seine massiven Mauern und Wehrgänge geschützt, in denen auch Waffen lagerten. Die Bewohner betrieben erfolgreich Landwirtschaft. Auch der Handel mit den Nomaden der Büffelebenen blühte im Austausch mit Getreide, Kleidung und Keramik gegen Tierprodukte und sogar Sklaven. Nach Kriegen, Aufständen und Entstehung neuer Städte verließen 1838 die letzten Einwohner das heute noch sehenswerte Pueblo.

Eine spannende Reise in längst vergangene Zeiten bietet der Pecos National Historical Park mit den Ruinen aus der Zeit der spanischen Missionare. Die damalige christliche Kirche ist auch heute noch zu besuchen (unten links). Ebenfalls erhalten ist das Äquivalent der Pueblo-Indianer: In der sogenannten Kiva wurden Versammlungen und Rituale abgehalten (unten rechts).

PUEBLO-KULTUR

»Pueblos« ist der Sammelname für zahlreiche Indianervölker (u. a. Keresan, Tiwa, Hopi, Zuni) im Rio Grande Valley, die nach den prähistorischen Anasazi in dieses Gebiet zogen und hauptsächlich vom Ackerbau lebten. Die Spanier gaben ihnen der Einfachheit halber diesen Namen, weil die Dörfer mit den klobigen Bauten aus Adobe-Lehm sie an kleine Orte in ihrer Heimat erinnerten. Ihre großen Wohnanlagen sind meist zusammenhängende, terrassenartig gestaffelte Häuser, die aus Sicherheitsgründen früher nur über Leitern durch Luken im Dach betreten werden konnten. Nach einem erbitterten Aufstand gegen die spanischen Eroberer gelang es den Pueblos, ihre Eigenständigkeit zu bewahren, in ihren Dörfern leben sie ähnlich wie vor 300 Jahren. Natürlich gibt es mittlerweile Fernsehen, Radio und Internet, und in jeder Pueblo-Küche steht ein Kühlschrank, aber das Brot wird immer noch in den traditionellen Lehmöfen gebacken, und ihre Religion und ihre Tänze haben sich auch im 21. Jahrhundert kaum verändert. Sie stellen Töpferwaren, Körbe und Schmuck her und verkaufen die Waren an Touristen. Auch die Dörfer der Indianer werden Pueblos genannt: Acoma liegt auf einem hohen Sandsteinfelsen und gehört zu den ältesten Indianerdörfern. In Cochiti leben viele Künstler, die besonders für ihre Tonfiguren bekannt sind.

Die Pueblo-Kultur ist vielfältig: Vom Töpfern, über Korbflechten, Brotbacken und Hausbau, alles ist traditionell überliefert und wird noch heute gepflegt. Auch bei der Kleidung orientiert man sich an seinen Vorfahren. Gut zu wissen: Gerade Töpferwaren werden heute auch in Fabriken gefertigt, handgefertigte erkennt man hingegen an der Signatur, eingeritzt in die Unterseite des Bodens.

Die Stadt am Rio Grande ist die größte des Bundesstaates New Mexico. Die Kreuzung der beiden Interstates 40 und 25 war so attraktiv, dass in ihrem Umfeld heute rund ein Drittel der Bevölkerung des Bundesstaates lebt. Gegründet wurde die Stadt 1716 mit der Ansiedlung von 30 Familien. 1880 kam die Eisenbahn, die ein eigensinniger und widerborstiger Landbesitzer allerdings nicht direkt in die Stadt hinein verlaufen ließ. Die Trasse wurde deshalb drei Kilometer außerhalb geführt – mit dem Ergebnis, dass sich um den Bahnhof eine neue Stadt bildete und der alte Stadtkern weitgehend in seiner ursprünglichen Form erhalten blieb. Die eigentliche Attraktion von Albuquerque ist denn auch seine Old Town mit der Plaza von 1780, ihren alten Bäumen und ihrem spanischen Flair. Rund um den Platz stehen Gebäude in schönster Adobe-Bauweise, allen voran die Kirche San Felipe de Neri (1706).

In Albuquerque treffen moderne Wolkenkratzer und Neonreklame auf romantische Pavillons und Adobe-Bauten. Großes Bild: Die Altstadt Albuquerques bietet einen bunten Mix aus Kultur, Kunst und regionalen Köstlichkeiten. Von vielen als das Herz der Stadt bezeichnet, finden hier oft Feste statt, die einen oft vergessen lassen, dass man sich nicht in Spanien, sondern in den USA befindet.

ALBUQUERQUE: SAN FELIPE DE NERI

Auf einer der geführten Touren durch die kleine Old Town von Albuquerque mit ihrem zentralen Platz, der Plaza, gehört sie auf jeden Fall dazu: die historische Kirche San Felipe de Neri. Von Franziskanermönchen errichtet, stammt sie in ihrer ersten Version bereits aus dem Jahr 1706. Die Spanier hatten auf ihren Eroberungszügen durch die Neue Welt zu dieser Zeit hier einen weiteren Posten errichtet. Der heute noch aus etwa zehn Blöcken bestehende Stadtteil im Adobe-Baustil bildete die Keimzelle, um die herum sich die Stadt Albuquerque entwickelte. Die heutige Ansicht der Kirche stammt hingegen aus dem Jahr 1793, die Türme wurden erst 1861 hinzugefügt und gehen auf die Jesuiten zurück. Besucher schätzen die katholische Kirche als einen Ort der Ruhe und inneren Einkehr, ebenso wie den sie umgebenden kleinen Garten.

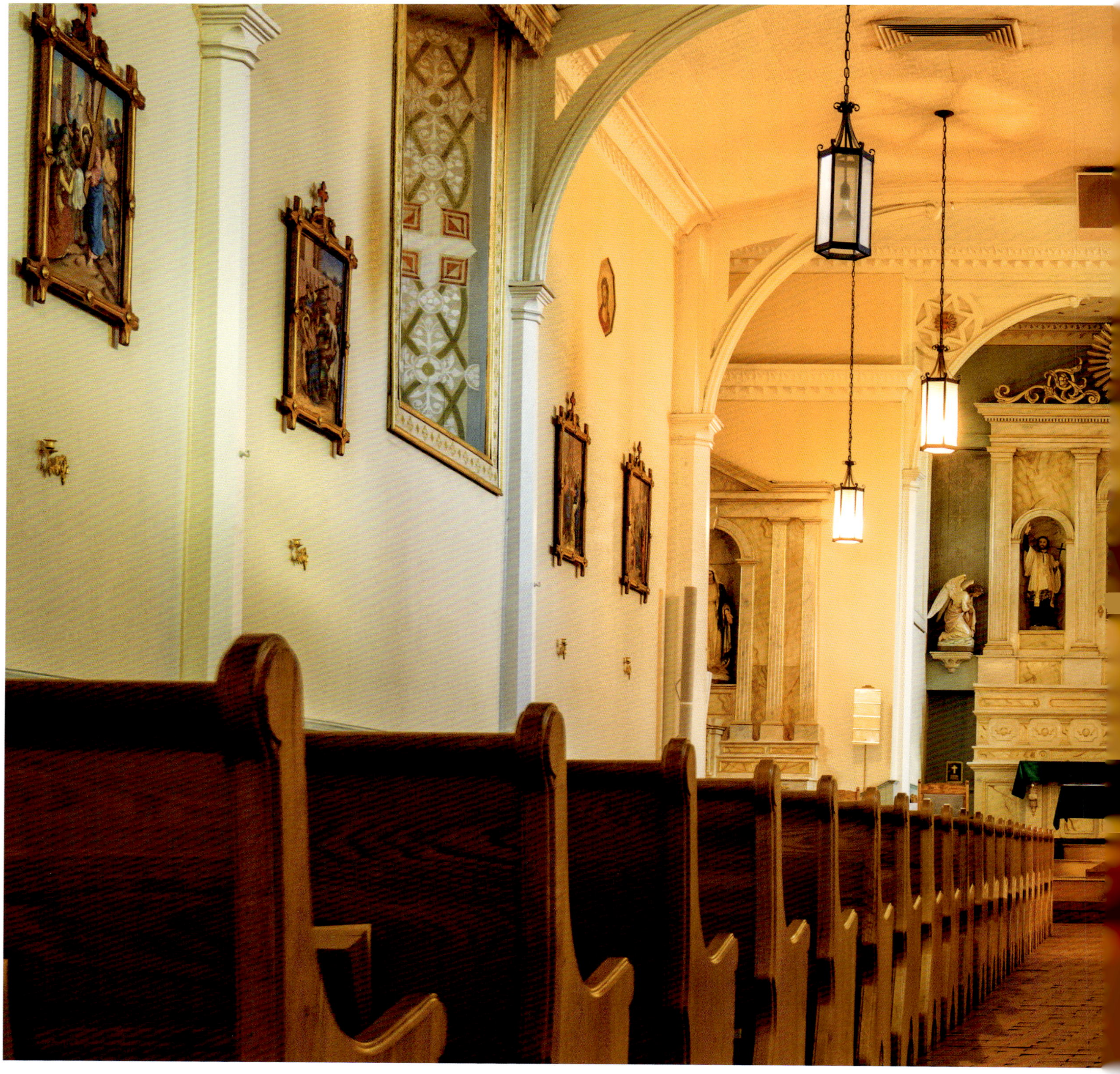

ALBUQUERQUE: SAN FELIPE DE NERI

Als eines der ältesten Gebäude in Albuquerque ist die Kirche San Felipe de Neri nicht nur von außen ein schöner Anblick mit den Zwillingsglockentürmen in Adobe-Bauweise. Einen Blick ins Innere der katholischen Kirche sollte man sich nicht entgehen lassen. Die Holzbänke harmonieren wunderbar mit den hellen Wänden. Die Kanzel und der Altar wirken wie aus Marmor, doch wurden sie aus Holz gefertigt und bemalt.

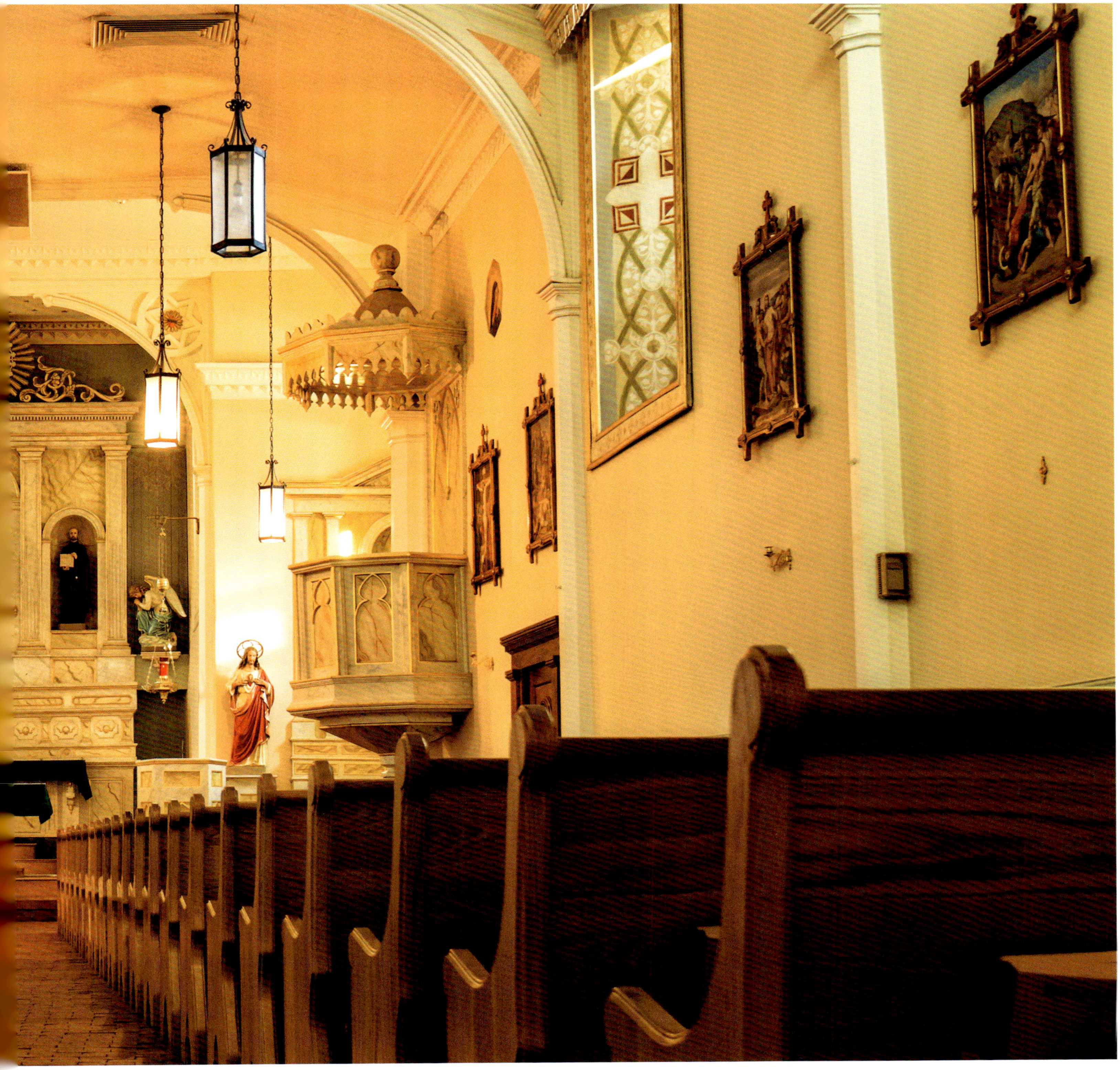

BALLOON FIESTA IN ALBUQUERQUE

Zu den wohl wichtigsten Veranstaltungen in der größten Stadt von New Mexico zählt die jährliche »Albuquerque International Balloon Fiesta«. Früh im Oktober zieht das Event neun Tage lang rund 750 000 Besucher aus der ganzen Welt an. Es ist das größte Heißluftballon-Festival der Welt, auf dem bis zu 750 Ballons an den Start gehen. Dabei schweben nicht nur ganz gewöhnlich geformte Gebilde von morgens an bis in die frühen Abendstunden hinein hoch hinauf in den blauen Himmel – vielmehr gehen hier Ballons mit unterschiedlichen Mottos in die Lüfte über den Sandia Mountains. Sie zeichnen sich durch ihre Farbenfreudigkeit, Formenvielfalt und kreativen Muster aus. Der Anblick beim Abheben all der farbenfrohen Ballons ist spektakulär. Es soll zu den meistfotografierten visuellen Festen der Welt gehören. Magisch sind bei den abendlichen »Glowdeos« auch die Flammen der Gasbrenner speziell geformter Ballons – wie Dinosaurier, Bienen, Blumen oder »über den Mond springende Kühe«: Bei dem »glühenden Rodeo« zeichnen sie sich malerisch gegen den dunklen Himmel ab. Den Wettbewerb bereichern auch durch von Piloten präzise und ohne Kollision anzusteuernde Punkte. Als Preis winkt ein neues Auto. Seit 1972 findet dieses ganz besondere Himmelsspektakel statt.

BALLOON FIESTA IN ALBUQUERQUE

Bunt, bunter, am buntesten – so präsentiert sich die Balloon Fiesta alljährlich an neun Tagen im Oktober. Es ist das größte Heißluftballon-Festival der Welt. Aber nicht nur die klassich geformten Ballons, wie sie hier zu sehen sind, steigen dabei in die Luft, sondern auch beim sogenannten Special Shape Rodeo die interessantesten Formen – von Marienkäfern über Kakteen bis hin zu Eisenbahnen.

RIO GRANDE

Der »Große Fluss« ist mit knapp 3050 Kilometern der drittlängste der USA – und rund zwei Drittel seines Laufs markieren die Grenzlinie zwischen Texas und Mexiko. Die Quelle des Rio Grande liegt in Colorado in den südlichen Ausläufern der Rocky Mountains, seine Mündung im Golf von Mexiko. An seinem Oberlauf nagte sich der Fluss jahrtausendelang tief in Sandstein und Basalt. Eine der wildesten Teilstrecken ist die Rio Grande Gorge, in dieser Schlucht verliert das Wasser über nur 20 Kilometer rund 200 Meter an Höhe. Während des 19. Jahrhunderts, vor allem rund um den Mexikanisch-Amerikanischen Krieg ab 1846, kamen zwischen Rio Grande City und der Mündung auch zahlreiche Dampfschiffe zum Einsatz, etwa zum Truppentransport. Mit leichten Baumaßnahmen wäre der Fluss sogar bis nach El Paso im Norden schiffbar gewesen – ausgedehnte Flussbegradigungen aber erfolgten erst im 20. Jahrhundert. Dabei verlor der Rio Grande am Unterlauf unzählige Windungen und rund 110 Kilometer an Länge. Heute durchläuft er mehrere große Stauseen und bewässert riesige Agrarflächen – trotzdem hat sich in Mexiko bis heute der Name Río Bravo gehalten, »Wilder Fluss«. Seit 1997 gehört er zu den historisch wichtigen »American Heritage Rivers« der Vereinigten Staaten.

Friedlich fließt der Rio Grande bei Sonnenuntergang im Big-Bend-Nationalpark in Texas, der an der Grenze zu Mexiko liegt (unten). Mehr von der Wucht des Wassers lässt sich an der Rio Grande Gorge bei Taos, New Mexico, ermessen, wo sich der Fluss ein tiefes Tal gegraben hat (links). Der berühmte Western »Rio Grande« mit John Wayne wurde übrigens nicht hier, sondern am Colorado River gedreht!

LAGUNA PUEBLO

Etwa 50 Kilometer westlich von Albuquerque entfernt und an der Route 66 gelegen, befindet sich das jüngste aller Pueblos, 1699 von den Keres-Pueblo-Indianern (auch Kawaik genannt) als damals größtes Dorf errichtet. Dem Bau des Pueblos ging der Aufstand der Indianer gegen die Spanier von 1680 voraus, bei dem sich die Ureinwohner gegen die spanischen Eindringlinge zeitweilig behaupten konnten. Die ältesten Gebäude des Dorfes im Adobe-Stil datieren sogar aus der Zeit um 1400. Historisch belegt ist mittlerweile, dass die Ansiedlung sogar seit den letzten 3000 Jahren durchgehend bewohnt worden sein soll. »Laguna« ist spanischen Ursprungs und bedeutet See, der allerdings inzwischen ausgetrocknet ist. Das herausragende Wahrzeichen des Pueblos stellt die reinweiße St. Joseph Church von 1701 dar. Die Kirche ist von der Route 66 aus schon von Weitem zu sehen.

Die Missionskirche San José von Laguna aus dem 17. Jahrhundert kombiniert Farben und Formen der Ureinwohner mit viel Naturmaterialien und Gemälden (unten links). Die Decke über dem Altar zeigt die Symbole Regenbogen, Mond, Sonne und Sterne (unten rechts). Im Hintergrund von Laguna Pueblo erheben sich die schneebedeckten Gipfel der San Mateo Mountains (links).

ACOMA PUEBLO

Von Albuquerque aus in westlicher Richtung fahrend erreicht man auch wieder die historische Route 66, die teilweise parallel zum Highway IS-40 verläuft. Da bietet es sich an, die Autobahn zu verlassen und einige Meilen auf der historischen Strecke zurückzulegen. Nach ungefähr anderthalb Stunden Autofahrt erreicht man von hier aus Acoma Pueblo, das auch als »Sky Pueblo« (Himmelsdorf) bezeichnet wird. Das sehenswerte indianische Dorf ist auf der Hochebene, einem Tafelberg, etwa 120 Meter hoch über der ihn umgebenden Steppe gelegen, auf die man von hier aus einen weitreichenden Blick bis zum Horizont hat. Die Siedlung ist seit über 1000 Jahren ununterbrochen bewohnt und gilt damit als das älteste noch bewohnte Dorf der Vereinigten Staaten. Es ist den Besuchern bei täglichen Führungen zugänglich und ein lohnenswerter Abstecher von der Route 66 aus.

Bei der Anfahrt nach Acoma Pueblo fällt zunächst der große Tafelberg auf (links). Je näher man ihm kommt, desto deutlicher sieht man dann auch die Häuser, farblich kaum vom Untergrund zu unterscheiden (Bildleiste oben). Erhaben thronen die Adobehäuser auf den Felsen – nicht zu Unrecht nennt man die Siedlung auch Sky City. Beim Betreten schließlich fallen bunte Fensterrahmen ins Auge.

ANASAZI-KULTUR

Indianische Völker schufen einige der außergewöhnlichsten Bauten in der Geschichte des amerikanischen Südwestens – die »Cliff Dwellings« der Anasazi gehören heute zum Weltkulturerbe. Für ihre ungewöhnlichen Klippenwohnungen nutzten sie das natürliche Relief am Berg, mauerten einfach die Öffnungen unter Felsvorsprüngen oder Höhlen zu. Funde in den rund 600 Felsenhäusern erzählen von ihrer Kultur, geflochtene Körbe und Tongefäße zeugen von großer Handwerkskunst. Das beeindruckendste Bauwerk ist der Cliff Palace, eine der größten Siedlungen, in einer breiten Felsnische des Tafelbergs Mesa Verde. Geschickt sind Sandsteinblöcke mit Mörtel aus Erde, Asche und Wasser verbunden und Holzbalken für Tür- und Deckenkonstruktionen eingesetzt. So entstand ein Bau mit 150 Räumen und 23 »Kivas«, den Zeremonienkreisen der Anasazi. Archäologen vermuten, dass hier trotz der Größe kaum mehr als 100 Menschen dauerhaft gelebt haben. Ein Rätsel ist, warum der Palace bereits um das Jahr 1300 aufgegeben wurde. Möglicherweise zwangen Dürren die Menschen, die in der Blüte ihrer Kultur weite Teile des Südwestens beherrschten, zum Rückzug. Mesa Verde ist heute der einzige Nationalpark der USA, der allein dem Schutz eines archäologisch bedeutsamen Ortes dient.

Auch abseits von Mesa Verde lassen sich die Zeugnisse und Spuren der Anasazi finden. So etwa beim Hovenweep Castle in Utah (großes Bild) oder beim Kiva in Pueblo del Arroyo in New Mexico (links). Das Pueblo Bonito im Chaco Canyon, ebenfalls New Mexico (Bildleiste unten), ist sogar knapp 8000 Quadratmeter groß und bestand aus mindestens 650 Räumen. Felszeichnungen erzählen vom Leben der Bewohner.

EL MALPAIS NATIONAL MONUMENT

Die Spanier gaben dieser Region im 16. Jahrhundert den Namen El Malpais, was »Schlechtes Land« bedeutet. Dieser von erstarrten Lavaströmen zerklüftete Landstrich liegt zwischen den Reservaten der Acoma und Zuni. Das Gebiet ist vulkanischen Ursprungs. Mit seinen 37 erloschenen Vulkanen bildet es seit 1987 einen Nationalpark, der kostenlos besucht werden kann. Über den Highway 117 erreicht man den Park von Grants aus über ein kurzes Teilstück der ehemaligen Route 66 in südlicher Richtung. Das Zuni-Bandera-Vulkanfeld bedeckt das weitläufige Gebiet. Eine der Attraktionen der Gegend sind die herausragenden Sandstone Bluffs. Die Sandsteinfelsen sind mit dem Auto zu erreichen und bieten eine herrliche Aussicht über die bizarre Landschaft. Ein weiteres Highlight ist die vor einer Felswand thronende Natursteinbrücke La Ventana.

Auf den ersten Blick glaubt man kaum, dass das Gebiet El Malpais vulkanischen Ursprungs ist. Besonders imposant ist der natürlich entstandene Torbogen La Ventana (unten), der eine Spannweite von über 40 Metern besitzt. Der El Calderon Trail führt als Rundweg über fünf Kilometer durch das National Monument, dabei kommt man auch an dem Vulkanfeld El Calderon Cinder Cone vorbei (ganz links).

EL MORRO NATIONAL MONUMENT

Von Grants aus geht es in westlicher Richtung weiter über den heutigen Highway 53 zum nächsten Nationalpark – dessen Name »Morro« ist die spanische Bezeichnung für einen markanten Felsen. Das zentrale Element des National Monument bildet der Inscription Rock, eine gigantische Felsformation, die hoch über der sonst weiten und flachen Wüstenlandschaft aufragt – und damit schon immer einen wichtigen Orientierungspunkt für alle Durchreisenden darstellte. Am Rande der Felsformation befindet sich ein natürliches Wasserreservoir. Auf den Felsen sind die Inschriften – die »Inscriptions« - der Indianerstämme zu sehen, die diesen markanten Punkt wohl auch als Stelle zum Rasten nutzten. Bereits im Jahr 1906 wurde das Areal zum National Monument erklärt. Seit dieser Zeit ist es auch verboten, weitere Markierungen an den Felsen vorzunehmen.

Eine Fläche von über vier Quadratkilometern umfasst das El Morro National Monument. Zerklüftete Felsen und der oft nur als »The Pool« bezeichnete Teich (links), prägen die Landschaft ebenso wie der Bewuchs durch die schlanken Bäume, den man auf dieser rauen Steinoberfläche kaum für möglich hält. Zwei verschiedene Wanderpfade führen durch die Landschaft und zum bekannten Inscription Rock.

CHACO CULTURE NATIONAL HISTORICAL PARK

Mit dem Begriff »Chaco-Kultur« bezeichnet man die Blütezeit der Anasazi. Ihr geistiges und kulturelles Zentrum war zwischen 850 und 1250 der Chaco Canyon, wo sie monumentale, durch Straßen miteinander verbundene Siedlungen anlegten. Charakteristisch für diese Siedlungsform sind die sogenannten »Cliff Dwellings« – in natürliche Felsüberhänge gebaute Häuser. Im Chaco Canyon finden sich zwölf Großpueblos und zahlreiche kleinere Siedlungen, die insgesamt 6000 bis 10000 Menschen Platz boten. »Pit Houses« nennt man halb versenkte Rund- und Ovalbauten, »Kivas« heißen die runden Kultstätten mit einem Durchmesser von bis zu 22 Metern. Am bekanntesten ist der Pueblo Bonito mit 36 Kivas und 800 Räumen auf vier Stockwerken. Das Goldene Zeitalter der Anasazi endete um 1300 – vermutlich wegen Trockenheit.

Das größte Bauwerk des Chaco Culture National Historical Park ist das sogenannte Pueblo Bonito (großes Bild), das als kulturelles Herzstück und Handelszentrum der Indianer gilt, die wohl bis circa 1100 in dem Gebiet gelebt haben. Auch Mauerreste der Kiva sind erhalten geblieben (Bildleiste erstes und zweites Bild). Kivas dienten den Einwohnern als Ort für Rituale und Versammlungen.

GALLUP

Mitten durch Gallup verläuft die Old Route 66, die gekreuzt wird vom ehemaligen Highway 666 in Route 491 umbenannt. 1881 richtete die Atlantic and Pacific Railroad hier eine Verwaltungsstelle ein. Wer seinen Lohn abholen wollte, musste sich zum Zahlmeister »Gallup« auf den Weg machen. Damit erhielt der Ort seinen Namen. Die Einwohner lebten vom Kohleabbau, lieferten das Heizmaterial für die Dampfloks. Außerdem betrieben sie Handel mit den Indianern der Umgebung, die noch heute die nahen Reservate bevölkern. Gallup trägt deshalb auch den Namen »Gateway to Indian Country«. In der Stadt befindet sich ein Campus der University of New Mexico, deren Studenten das Stadtbild prägen. Szenische Neonlichter wie die des historischen El Rancho Hotel beleuchten den Strip am Abend. In den 1950er- und 60er-Jahren stiegen hier alle Western-Stars der US-Filmszene ab.

Das unter Denkmalschutz stehende El Rancho Hotel (rechts) beherbergte bereits viele berühmte Gäste, darunter John Wayne, Katharine Hepburn und Kirk Douglas. Heute sind die Zimmer nach den Prominenten benannt.

POWWOWS

Das größte Powwow der Ureinwohner Amerikas ist das »Gathering of Nations«. Es findet jedes Jahr im April statt, die Universität von New Mexico in Albuquerque ist der Gastgeber dieses Großereignisses. Auf dem Fest treten mehr als 2000 indianische Tänzer, Trommler und Sänger vieler verschiedener Stämme auf. Das Publikum besteht aus Zehntausenden Stammesangehörigen. Willkommen sind bei diesem Fest aber auch alle anderen Besucher. Jährlich finden zahlreiche Powwows in verschiedenen Bundesstaaten wie Kansas, Oklahoma und New Mexico statt. Ihr grundlegender Zweck ist die Stärkung der Gemeinschaft und das Pflegen der Traditionen. Das Wort »powwow« stammt aus der Sprache der Narragansett-Indianer und bedeutet »spiritueller Führer«. Heutzutage beschreibt es die Versammlung der Stämme und das Zusammentreffen der Familien unter Leitung des »Masters of Ceremonies«, des Zeremonienmeisters. Die Feste enthalten traditionelle Elemente, aber auch neue Aspekte. Hinzu kamen die Wahl der »Miss Indian«, Rodeos oder sportliche Turniere. Wichtiger Bestandteil sind die täglichen Tanzwettbewerbe, denen das »Grand Entry« vorausgeht, der feierliche Einzug der Teilnehmer. Sänger und Trommler des eigenen Stammes begleiten voller Stolz ihre Tänzer.

Bei den Powwows geht es nicht nur um traditionelle Kleidung und rituellen Tanz. Vielmehr zählen Zugehörigkeitsgefühl und Gemeinschaft zu den Hauptanliegen dieser indianischen Volksfeste.

HOTEL
el Rancho
CHARM OF YESTERDAY ··· CONVENIENCE OF TOMORROW
El Rancho Hotel
NATIONAL HISTORIC SITE
"Charm of Yesterday,
Convenience of Tomorrow"
1000
LOBBY

POWWOWS

ARIZONA UND EIN ABSTECHER NACH NEVADA

Im südwestlichen Teil der USA steht der »Grand Canyon State« Arizona nicht nur für dieses Naturdenkmal. Hier herrschen ganz unterschiedliche klimatische Bedingungen: Heiße, trockene Wüsten wie auch kühle, hohe Gebirge prägen Arizonas Landschaften. Der längste noch erhaltene Streckenabschnitt der Route 66 führt von West-Arizona über 160 Kilometer gen Kalifornien. Von Flagstaff aus lassen sich am besten die original erhaltenen Abschnitte und zugehörigen Orte wie Sedona oder Seligman mit landschaftlich schönen Attraktionen entdecken.

Eine Kiefer steht oberhalb der größten Schlucht der Erde, dem Grand Canyon, und trotzt der hier meist vorherrschenden trockenen Hitze.

CANYON DE CHELLY NATIONAL MONUMENT

40 Kilometer erstreckt sich der Canyon de Chelly in der Navajo Reservation im Nordosten Arizonas. Der indianische Name bedeutet »Felsenschlucht«. Über 300 Meter ragen die Felswände aus der Schlucht empor. Wind und Wetter haben den Stein geglättet und gaben der Szenerie ihr charakteristisches Aussehen, das sich deutlich von anderen Canyons unterscheidet. Hier befinden sich grüne Oasen, die vor vielen Tausend Jahren schon die Vorfahren der Navajo-Indianer angelockt haben. Am Eingang erhebt sich der rund 240 Meter hohe Spider Rock. Ein kaum sichtbarer Trail führt an dem schmalen Rio de Chelly entlang zum – um das Jahr 1050 angelegten, 1849 entdeckten – White House, dem bekanntesten von mehr als 100 »Cliff Dwellings« der prähistorischen Anasazi. Die gut erhaltenen Ruinen der Felswohnungen gehen bis auf 1300 v. Chr. zurück.

Links: Dunkle Wolken dräuen über der rötlichen Felsenwelt, die nur von wenigen Büschen getüpfelt ist. Bis zu 300 Meter hohe Wände sind Zeugen einer der am längsten durchgängig bewohnten Regionen Nordamerikas. Auf den etwa 240 Meter hohen Felsnadeln des Spider Rock (links unten) wohnt in der Mythenwelt der Navajo die Spinnenfrau und lehrt die Menschheit das Weben.

NAVAJO-INDIANER

Die Navajo-Indianer kamen um 1700 in den Canyon de Chelly. Sie lebten in ständigem Krieg mit den spanischen Kolonialherren, später wehrten sie sich gegen die amerikanischen Truppen; im Winter des Jahres 1864 wurde ihr Widerstand von der Kavallerie unter der Führung von Kit Carson endgültig gebrochen. Die Indianer machten sich auf den »Langen Marsch« zurück nach Mexiko, in die erste Indianerreservation der Geschichte; erst vier Jahre später durften sie wieder in ihre alte Heimat im Vierländereck von Arizona, New Mexiko, Colorado und Utah zurückkehren, wo sie heute auf der Navajo Nation Reservation leben. Mit rund 300000 Angehörigen sind die Navajo die zahlenmäßig stärkste und auch politisch am besten organisierte Stammeskultur der USA. Ihre Regierung hat ihren Sitz in Window Rock, der Hauptstadt des großen Navajo-Reservats, das fast ein Sechstel des Staates Arizona einnimmt. Im Navajo-Gebiet gibt es nur wenige Asphaltstraßen. Am Straßenrand bieten die Ureinwohner Kunsthandwerk und Souvenirs an. Im Canyon de Chelly mit den markanten Zwillingstürmen des Spider Rock leben die Navajo teils noch auf traditionelle Weise. Sie hüten Schafherden in der Schlucht und arbeiten als Touristenführer. Bei ihnen kann man auch Pferde für einen Ritt in die Schlucht leihen.

Großes Bild: Dieser Navajo in traditioneller Kleidung präsentiert sich vor den als Merrick Butte und East Mitten Butte bezeichneten Felsformationen im Monument Valley, das innerhalb der Navajo Nation Reservation liegt. Links und Bildleiste unten: Auch auf das traditionelle Handwerk wie Weben oder Spinnen sowie Schmuckherstellung besinnen sich die Navajo noch heute zurück.

HUBBELL TRADING POST

Ständiger Handelsposten der Indianer, Besucherzentrum für Touristen, historisches Gebäude und Museum – das im Adobe-Baustil von John Lorenzo Hubbell im Jahr 1876 errichtete Gebäude am Ortsrand von Ganado dient seitdem als Vermarktungsort für Produkte des täglichen Bedarfs ebenso wie für Kunstgegenstände der Navajo, Hopi und Zuni, also der hier lebenden Indianer, die Handel mit allen Einwohnern und auch Touristen treiben. Dieser so wichtige Handelsplatz besteht bis heute und wurde bereits 1960 in die Liste der National Historic Landmarks aufgenommen – mit der Maßgabe, auch in Zukunft den Ureinwohnern dieser Region den Handel hier zu ermöglichen. Damit ist gesetzliche verankert, dass dieser einzige sich im öffentlichen Eigentum befindliche US-Handelsposten nicht stillgelegt werden darf, sich sogar weiter entwickeln soll.

Eine außergewöhliche Geschichte, die noch längst nicht vorbei ist. Im Jahr 1879 gegründet, ist der Hubbell Trading Post bis heute in Betrieb. Wie damals kann man Kunst und Handwerk der Navajo-Indianer bestaunen und kaufen. Aber auch Alltägliches wie Lebensmittel sind in dem Gebäude erhältlich. Den Charme von vergangenen Zeiten behält sich der Hubbell Trading Post innen und außen bei.

PAINTED DESERT UND PETRIFIED FOREST NATIONAL PARK

Der Petrified Forest liegt inmitten der farbenprächtigen Painted Desert im Nordosten von Arizona. Vor rund 200 Millionen Jahren breitete sich hier ein weitläufiges Sumpfgebiet aus, in dem Bäume, Farne und Moose gediehen. Heute fällt in der Painted Desert kaum Niederschlag. Der Park nimmt ein 380 Quadratkilometer großes Wüstengras- und baumloses Ödland ein. Beim Austrocknen der Sümpfe wurden die umgestürzten Stämme der riesigen Nadelbäume vom Schlamm begraben und durch einen chemischen Prozess in Quarz verwandelt. Sie behielten ihre leuchtenden Farben und zeigen Abdrücke von prähistorischen Fischen, Muscheln und Schnecken. Seit 1906 steht das Gebiet unter Naturschutz. Das Mitnehmen auch noch so kleiner Stücke ist bei hoher Strafe strikt verboten. Eine Autostraße quer durch den Park verbindet die Highways 66 und 180.

Säulen oder verkieselte Stämme? Im Querschnitt (Bildleiste) zeigen sich ästhetisch ineinander verflochtene Muster und Farben, die – wie hier auf Hochglanz poliert – auch als moderne Kunst gelten könnten. Auch aus der Ferne ist die ehemalige Sumpflandschaft ansehnlich – manche Felsen wirken wie übergroße rot gestreifte Tipis, andere wie ein gigantischer Sandhaufen.

Im nördlichen Teil des Petrified Forest Park, der Painted Desert, glühen die Felsen in rötlichen und bräunlichen Farbschichten.

HOLBROOK

Früher führte die Route 66 quer durch das kleine verschlafene Örtchen Holbrook. Noch heute ist es als erstklassiger Zeitzeuge der historischen Route interessant. Eine Reihe von Motels – wie das legendäre Wigwam Motel – stammen noch aus der Zeit der »Mother Road«. Mitten im Ort befindet sich auch der Rainbow Rock Shop. Er fällt schon von Weitem wegen seiner an der Straße aufgestellten Dinosaurier-Attrappen auf. Aber die »echten« Dinosaurier finden sich nicht hier, sondern im Dinosaur Park, zwischen Holbrook und Sun Valley, nahe der alten Route 66 und der neuen Interstate 40 gelegen. Um die Gegend populärer zu machen, errichtete man 1999 hier 14 faszinierende lebensgroße Dinosaurier, von heimischen Künstlern aus Beton geschaffen, die schon bei der Anfahrt zu sehen waren. Acht von ihnen wurden nach der Schließung des Parks privat verkauft.

In Holbrook werden Urzeiten lebendig. Oder zumindest kann man sie sich lebhaft vorstellen, wenn man vor den großen Dinosauriern steht. Glücklicherweise sind es dann doch nur Nachbildungen, denn diesen Zähnen will man lieber nicht persönlich begegnen.

METEOR CRATER NATIONAL MONUMENT

HOMOLOVI STATE PARK

Nördlich von Winslow ist die bunte Wüstenlandschaft sogar noch farbenreicher als die des Petrified Forest. Die durch Erosion freigelegten Steine zeigen im Homolovi State Park noch weitaus mehr Töne als das klassische Rot, Ocker, Braun und Grau. Hier hat die Natur noch tiefer in ihre Farbtöpfe gegriffen und die bizarre Hügellandschaft zudem mit wunderbaren Nuancen in Grün, Blau und Gelb überzogen. Der Name des Parks entstammt der Sprache der Hopi-Indianer, die auch heute noch in diesem Reservat leben. Der »Platz der kleinen Hügel« bietet archäologische Ausgrabungen aus der Zeit zwischen 1200 und 1400, die erst im 19. Jahrhundert wiederentdeckt und freigelegt wurden. Der Park wurde auf Initiative der ansässigen Indianer 1993 gegründet, die 2011 auch das »Ruins« im Namen streichen ließen: Ihre Vorfahren und deren Raum seien »lebendig«!

Eine Ebene, so weit das Auge reicht, darauf immer wieder Felsenerhebungen in rostroter Farbe. Dieser Anblick bietet sich vom Homolovi State Park, der mit den Ausgrabungen und Artefakten ehemaliger Indianersiedlungen weit mehr zu bieten hat als nur eine schöne Sicht.

METEOR CRATER NATIONAL MONUMENT

Der Meteor Crater liegt östlich von Flagstaff und entstand, als vor etwa 50 000 Jahren ein Meteorit auf die Erdoberfläche aufschlug und ein 18 Meter tiefes Loch riss. Der Durchmesser des riesigen Kraters beträgt etwa 1300 Meter und ist des trockenen Wüstenklimas wegen besonders gut erhalten. Der Meteorit muss einen Durchmesser von 50 Metern gehabt haben und aus Eisen bestanden sein. Die Explosion des Einschlags vernichtete alles Leben und verwüstete die Gegend im Umkreis von rund 20 Kilometern. Abgesehen von einem nachfolgenden Erdbeben, blieb der Einschlag jedoch ohne globale Folgen. Charles Franklin, ein Scout des legendären General George Armstrong Custer, schrieb 1871 als erster Weißer über den Meteor Crater. Erst die Forschungen Eugene Shoemakers in den 1960er-Jahren konnten den Nachweis erbringen, dass der Krater tatsächlich auf diese Art entstanden ist.

Während der Apollo-Mission der NASA diente die Kraterlandschaft den Astronauten als Trainingslager. In einem kleinen Museum kann man winzige Brocken des Meteoriten, der für den Krater verantwortlich ist, bestaunen.

FLAGSTAFF

Die Kleinstadt Flagstaff liegt in 2000 Meter Meereshöhe inmitten herrlicher Fichtenwälder. Die Stadt am Südrand der San Francisco Mountains entstand ab etwa 1870, als den Goldsuchern die Farmer und Viehzüchter folgten. Schon 1882 aber kam die Eisenbahn und mit der Fertigstellung der Route 66 der stetig wachsende Durchgangsverkehr. Zu den Sehenswürdigkeiten Flagstaffs zählt das Museum of Northern Arizona. Es präsentiert eine Fülle von Exponaten der verschiedenen Kulturstufen der Pueblo-Indianer. Das Lowell Observatory am westlichen Stadtrand ist durch die Entdeckung des Planeten Pluto bekannt geworden. Das eigentliche Interessante an Flagstaff aber ist seine Umgebung: Im Norden ragen die San Francisco Mountains mit dem höchsten Punkt Arizonas in den Himmel. Es ist der 3854 Meter hohe Humphrey's Peak, auf der man per Sessellift fahren kann.

Ganz links: Die Innenstadt Flagstaffs schläft auch am Abend nicht. Bars und Restaurants laden Nachtschwärmer zum Einkehren ein und auch in der Francisco Street (unten) sind viele Schaufenster noch hell erleuchtet. Links: Das Weatherford Hotel gehört zu den traditionsreichsten in der Stadt. Direkt im Zentrum gelegen, ist es heute ein beliebter Ort für Hochzeiten mit historischem Flair.

SUNSET CRATER NATIONAL MONUMENT

Vor dem Besuch Flagstaffs bietet sich ein interessanter Abstecher nach Norden auf dem Highway 89 an: Auf der Ostseite lohnt die bizarre Vulkanlandschaft des Sunset Crater National Monument einen Besuch. Mittelpunkt des Vulkanfeldes ist der gut 300 Meter hohe Aschenkegel des Sunset Crater. Er ist der jüngste Vulkan Arizonas und war etwa 200 Jahre lang aktiv. Sein erster Ausbruch erfolgte im Jahr 1064, die Ascheschicht bedeckte damals eine Fläche von über 2000 Quadratkilometern. Im Jahr 1250 spuckte der Vulkan die rot und gelb oxidierte Lava aus, die noch heute den Kraterrand wie im permanenten Sonnenuntergang leuchten lässt. Erschlossen ist das Vulkangelände über den Scenic Drive, der imposante Ausblicke auf die dunkle Vulkanlandschaft eröffnet. Auch zahlreiche Wanderwege laden zu einer näheren Erkundung zu Fuß ein.

Bläulich-grau schimmert der Sunset Crater hauptsächlich. Doch sein letzter Ausbruch im Jahr 1250 hinterließ eine weitere Farbe um die Kegelspitze herum. Und so verleihen die orange-roten Lapilli, kleine Ablagerungen von der Eruption, dem Vulkan zu jeder Tageszeit den Anschein, gerade von der untergehenden Abendsonne angeleuchtet zu werden. Daraus entstand der Name Sunset Crater.

WALNUT CANYON

Nordwestlich von Winona führte einst die Route 66 vom südöstlich gelegenen Flagstaff aus über die Walnut Canyon Bridge zur gleichnamigen Schlucht. Heute ist die Brücke für den Autoverkehr gesperrt, bildet aber ein gutes Beispiel für Konstruktionen aus der Zeit Anfang des 20. Jahrhunderts. Auf etwa 2000 Meter Höhe liegen am Walnut Canyon tief in den Hang gearbeitete, einzigartige Felsenbehausungen der Sinagua aus der Zeit um 1100, aus denen später die Hopi-Indianer hervorgingen. Winona hieß ursprünglich »Walnut«, benannt nach einem kleinen Bach, der früher hier hindurchfloss. Als 1937 die Route 66 begradigt und nicht mehr durch Winona führte, drohte das Städtchen in Vergessenheit zu geraten. Unvergesslich wurde es aber durch die Textzeile »Don't forget Winona« in dem Hit »Get your kicks on Route 66«,1946 komponiert von Bobby Troup.

Nicht nur der Canyon an sich ist ein Highlight in der Nähe von Flagstaff, sondern besonders auch die über 80 Behausungen, die direkt in die Felswände eingearbeitet wurden. Bis etwa 1250 lebten hier Menschen der Sinagua, eine präkolumbische Kultur.

MONTEZUMA CASTLE NATIONAL MONUMENT

Südlich von Flagstaff liegt das Montezuma Castle National Monument, eines der am besten erhaltenen Cliff Dwellings des US-amerikanischen Südwestens. Die frühen Entdecker hielten es für ein Bauwerk der Azteken und benannten es nach dem legendären Herrscher der mexikanischen Hochkultur. Tatsächlich stammt diese – ganz in die Nische einer 30 Meter hohen Standsteinwand eingepasste – Behausung über dem Tal des Beaver Creek von den prähistorischen Sinagua, die bereits vor 2000 Jahren in Arizona siedelten. Das fünfstöckige Bauwerk hat über 20 Räume und entstand um 1150 n. Chr. Um das Jahr 1400 erlebten die Sinagua ihre Blütezeit, um 1500 verschwanden sie aus ungeklärten Gründen aus dem Verde Valley. Zahlreiche Trails erschließen Besuchern heute das Gelände und lassen sie eintauchen in eine längst vergangene Zeit.

In Felsenhäusern wie dem Montezuma Castle waren die Sinagua gut gegen angreifende Stämme und Naturgewalten geschützt. Heute leben nur noch Nordamerikanische Katzenfrette und Streifenskunks in den einst so prächtigen Wohnräumen.

WALNUT CANYON

MONTEZUMA CASTLE NATIONAL MONUMENT

WUPATKI NATIONAL MONUMENT

Einst befanden sich hier, im Nordosten von Arizona in der Nähe der Painted Desert, mehr als 2000 Wohnstätten der altindianischen Sinagua-Kultur. Diese Ureinwohner siedelten in der Region zwischen 500 und 1400. Ziemlich gut erhalten ist das imposante Wupatki Pueblo aus dem 12. und 13. Jahrhundert. Das dreistöckige Pueblo hatte über 100 Räume, die über ein wohldurchdachtes System von Wand- und Bodenöffnungen belüftet und sogar beheizt werden konnten. Förderlich für die Landwirtschaft der Bevölkerung war der Ausbruch des Sunset Crater im 11. Jahrhundert, durch dessen Ascheschicht der Boden fruchtbarer wurde, weil er mehr Wasser speichern konnte. Alles Wissenswerte über die uralte Kultur der Sinagua-Indianer (Sinagua = Spanisch »sin agua« = »ohne Wasser«) erfährt man im hiesigen Visitor Center.

Im Wupatki National Monument kann man sich im Zeichendeuten üben (links). Der größte Komplex der Region ist die namensgebende Wupatki-Ruine (unten). Im 12. Jahrhundert lebten bis zu 100 Anasazi in diesem Pueblo, zu der Zeit das größte bekannte Gebäude Nordamerikas. Es waren jedoch nicht die ersten Einwohner hier. Bereits um 500 lebten die ersten Sinagua in Wupatki, zu Deutsch »das große Haus«.

SEDONA

Die Künstlermetropole Sedona bildet das urbane Zentrum im Oak Creek Canyon – und ist aufgrund seiner malerischen Lage zwischen den roten Felsen ein Mekka für Esoteriker und Aussteiger. Die flachen Häuser im mexikanischen Adobe-Stil fügen sich nahtlos in die urwüchsige Umgebung ein. Selbst kühne Bauten wie die Chapel of the Holy Cross, eine kleine Kapelle aus weißem Stein, wirken nicht wie Fremdkörper. Ebenfalls im spanisch-mexikanischen Stil wurde Tlaquepaque gehalten, ein Boutiquen- und Künstlerzentrum. Im unwegsamen Hinterland kommt man am besten mit einem Geländewagen voran. Doch die Mühe lohnt sich: Abgelegene Aussichtspunkte und ein atemberaubender Blick über das weite Tal mit den roten Felsen erwarten den Besucher. Der Schnebly Hill Drive führt zum Snoopy Rock, dort ist der Ausblick am schönsten.

Die imposanten Sandsteinformationen stellen selbst die traumhaften Anwesen der Reichsten mit ihren riesigen Villen (ganz links) in den Schatten. Links: In der kleinen Einkaufsstraße von Sedona warten Restaurants und Boutiquen auf Kundschaft. Dahinter schmiegen sich Häuser an den Sandsteinfelsen des Red Rock State Park empor. Unten: Der Airport Mesa Loop Trail bietet atemberaubende Panoramen.

RED ROCK STATE PARK

SLIDE ROCK STATE PARK

RED ROCK STATE PARK

Als malerisch und zu den »hidden gems«, also zu den verborgenen Schätzen zählend, wird der Park bezeichnet, der nur wenige Kilometer vom Ort Cantil entfernt über die heutige CA-14 zu erreichen ist. Hier verlaufen die Farbtöne der bizarren, turmartigen Felsformationen von Weiß nach Rot in allen Nuancen und Schattierungen. Den Besuchern erschließt sich die wunderbare und spannende Felsenwelt auf verschiedenen Rundwanderwegen. Einst war diese Region, am südlichsten Punkt der Sierra Nevada zu Füßen der El-Paso-Berge gelegen, Heimat der Kawaiisu-Indianer. Durch das Gebiet führten ab 1850 die Planwagenrouten der Einwanderer. Eine Reihe von Filmen wurden in dieser spektakuläre Kulisse gedreht. Nach feuchten Wintern blüht die sonst steinig-karge Landschaft farbenprächtig auf. Bei Campern ist der Park deshalb und wegen der artenreichen Tierwelt sehr beliebt.

Direkt nach einem Regenschauer leuchten die Felsen des Red Rock State Park mit dem Regenbogen um die Wette. Besonders schön sind die markanten Schichtungen, die den Felsen ihren Streifenlook geben.

SLIDE ROCK STATE PARK

Mitten durch den Park führt der schmale Oak Creek Canyon: Der Slide Rock, eine kurze Strecke glatt polierten, rutschigen Felsbodens im Canyon, gibt dem Park seinen Namen. Wie auf einer Wasserrutsche schlitterten Besucher schon vor 100 Jahren jauchzend die leichte Neigung hinunter. Obwohl das kristallklare Wasser eisig sein kann, ist das Rutschen so beliebt, dass es manchmal zugeht wie im Freibad. Mehr Ruhe bieten die Wanderpfade entlang des Canyons, wo sich auch Rehe und Hirsche, Kojoten und gelegentlich ein Schwarzbär tummeln. Der kleine Park beherbergte ursprünglich eine große Apfelplantage und entwickelte sich – auch dank zahlreicher Hollywoodfilme, die hier gedreht wurden – zu einem beliebten Ausflugsziel. Dazu trägt auch der pittoreske Cathedral Rock bei, der etwas außerhalb hoch über dem Park in allen Rottönen leuchtet.

Stromschnellen und Wasserfälle prägen den Oak Creek Canyon. Besonders im Herbst bilden die bunt gefärbten Laubbäume ein beliebtes Fotomotiv in Kombination mit dem sanft fließendem Wasser.

MARBLE CANYON

Von den meisten Besuchern des Grand Canyon wird der wesentlich kleinere Marble Canyon übersehen – dabei gehört die Fahrt über die stählerne Navajo Bridge zu den Highlights im Südwesten. Ausgangspunkt für die Fahrt ist Lee's Ferry; das flache Flussufer, an dem die River-Rafting-Tours durch den Grand Canyon beginnen. Benannt ist die Stelle nach dem Mormonen John D. Lee, der im 19. Jahrhundert eine Fähre über den Colorado River betrieb. Im Jahr 1857 wurde er wegen seiner Teilnahme am Mountain Meadows Massacre (1857), bei dem Mormonen und Indianer unschuldige Siedler töteten, zum Tode verurteilt. Der Highway 89A führt weiter über die Navajo Bridge und gestattet einen dramatischen Ausblick auf den Marble Canyon. Noch besser erlebt man die von steilen Felswänden begrenzte Schlucht auf einer Wildwasserfahrt zum nahen Grand Canyon.

MARBLE CANYON

Der Marble Canyon gilt immer noch als Geheimtipp. Die Navajo Bridge führt über den Colorado River und bietet die schönsten Aussichten auf den Fluss und die geschliffenem Marmor ähnelnden Felswände. Auf den ersten Blick scheinen die beiden Brückenbögen sich zu gleichen, doch trennen sie rund 70 Jahre voneinander, 1995 wurde der neuere eröffnet und der alte für den Verkehr gesperrt.

GRAND CANYON NATIONAL PARK

Die gigantische Schlucht, die der Colorado River in Millionen von Jahren in den Stein gegraben hat, bietet einen eindrucksvollen Einblick in die Erdgeschichte. 1540 erblickte der Spanier López de Cárdenas als erster Europäer das Panorama des Grand Canyon, über den der Naturforscher John Muir einst sagte, sie sei »die großartigste von Gottes irdischen Stätten«. Doch bis zur Kartografierung des Canyons sollte es noch bis Mitte des 19. Jahrhunderts dauern. Seine Entstehungsgeschichte ist noch immer nicht ganz erforscht. Wahrscheinlich begann der Fluss sich vor ungefähr sechs Millionen Jahren seinen Weg durch das Felsplateau zu suchen. Wind und Wetter trugen das Ihre dazu bei, den Felswänden ihre bizarren Formen zu verleihen. Im Canyon können bei Temperaturen von bis zu 50 °C nur einige widerstandsfähige Pflanzen und Tiere überleben.

Beinahe senkrecht fallen die Wände des Grand Canyon ab. Wer die andere Seite des Canyon erreichen will, muss ihn umfahren: Brücken über den Colorado River liegen nur außerhalb des Nationalparks. Doch bieten beide Schluchtkanten gute Aussichtspunkte, wobei der Südrand beliebter ist. Bei Wandertouren können Seitencanyons erkundet werden, und einen besonderen Überblick bieten Rundflüge.

ASH FORK

SELIGMAN

ASH FORK

Im Jahr 1882 als Ausweichbahnhof von der Atlantic and Pacific Railroad gegründet, wurde die Stadt nach einem Brand auf der anderen Seite der Bahnlinie neu aufgebaut und verfügte bereits einige Jahre später über ein Hotel und Restaurant für die Durchreisenden nach Phoenix. Bestand hatte die stetige Aufwärtsentwicklung nicht, nachdem die Bahnstrecke wegen einer Alternativroute Konkurrenz bekam. Nach der Verlegung der Route 66 hatte Ash Fork weitere Schwierigkeiten zu bestehen. Dennoch zieht es auch heute noch die Fans der historischen Route in das Städtchen. Die einstige Texaco-Tankstelle, die 2001 zu einem Saloon, Friseursalon und Souvenirladen umgebaut wurde, ist wegen des zweifarbigen »Ami-Schlittens« – einem DeSoto von 1960 – auf dem Dach des Shops ein beliebter Anlaufpunkt und begehrtes Fotoobjekt.

Links: Früher diente das DeSoto's als Tankstelle, später wurde es ein Schönheitssalon, heute werden hauptsächlich Souvenirs verkauft. Wunderbar erkennbar ist das Gebäude an dem Auto der Marke DeSoto auf dem Dach.

SELIGMAN

Auch Seligman entstand bei der Verlegung der Schienen für die Railroad im Zuge der Eroberung des Westens: 1886 finanzierten die Brüder Seligman diesen Streckenabschnitt. Die Route 66 brachte neues Leben in die Wildwest-Stadt, die auch als Geburtsort der legendären Straße bezeichnet wird. Jahre nach der Interstate kehrte nach hartem Einsatz der Einwohner ab 1987 zwischen Seligman und Kingman der einstige Esprit der »Mainstreet of Amercia« zurück. Heute ist die Straße voll von historisch aussehenden Motels, rausgeputzten Souvenirläden und zahlreichen Schildern mit dem Route-66-Logo. Da ist der Bummel durch die Stadt garantiert ein Erlebnis. Das Historic Seligman Sundries stellt das Flaggschiff der gut sortierten Souvenirshops dar, bietet einen hervorragenden »Coffee-to-go«-Service und fungiert sogar als Besucherzentrum der hübschen Stadt.

Auch in Seligman findet man sowohl die Zeugen des Verfalls vieler Orte an der Route 66 nach dem Bau der neuen Interstate 40 (unten) als auch die des erneuten Aufschwungs durch den Tourismus in der heutigen Zeit (links).

OATMAN

Einst war Oatman eine blühende Goldgräberstadt. Nachdem die Minen im Zweiten Weltkrieg stillgelegt wurden, lebte die Stadt seitdem vor allem von den Reisenden auf der Route 66. Der kleine Ort wirkt auch heute noch, als wäre er eigens für einen Wildwestfilm ins Leben gerufen worden. Manchmal scheint er ausgestorben wie eine Ghost Town. Tatsächlich finden sich hier eine Reihe von Shops und Restaurants im Saloon-Stil. Bei einer gemütlichen Pause in der Mittagszeit kann man eine »gestellte« Schießerei mitverfolgen. Hauptattraktion sind allerdings die in den Straßen frei herumlaufenden Esel, die »burros«, die sich von den Touristen gern füttern lassen. Bis zum heutigen Tage wird immer noch erzählt, dass die Filmstars Clark Gable und Carol Lombard 1939 im »Oatman Hotel«ihre Flitterwochen verbracht haben, nachdem sie in Kingman getraut worden waren.

Ein alltägliches Bild in Oatman sind die frei auf der Straße herumlaufenden Wildesel. Touristen können an mehreren Orten in der ehemaligen Goldgräberstadt Karotten und Eselfutter kaufen und die Tiere mit der nötigen Vorsicht füttern. Links: Nicht nur bei den vielen Attraktionen wie nachgespielten Postkutschenüberfällen besitzt Oatman noch seinen Flair der früheren Siedler im »Wild West«.

Seit Jahrhunderten ringt der Hualapai-Stamm dem kargen und wasserarmen Grand Canyon Nahrung ab. Ursprünglich lebten die Menschen – auch als Walapai, »Volk des hohen Pinienbaums«, bezeichnet – als Nomaden in Zelten und einfachen Lehmhütten. Sie ernährten sich von Früchten, Beeren und gejagtem Wild. Ihre Beziehung zu den Weißen war lange friedlich, bis die Neusiedler 1865 einen der Häuptlinge ermordeten. In der Folge überfielen die Ureinwohner oft Reisende. Heute hat sich der ursprüngliche Lebensraum der Hualapai deutlich verkleinert: Wanderten sie einst in kleinen Gruppen von den Black Mountains bis zu den San Francisco Peaks, leben die verbliebenen 1350 Stammesangehörigen nun in einem Reservat. Dies besteht aus nur einem Fünftel des ursprünglichen Territoriums und konzentriert sich auf zwei Siedlungen, Grand Canyon West und Peach Springs.

Links: Blick vom Guano Point in Grand Canyon West. Die Panoramasicht ist überaus beeindruckend, wenn auch nicht ganz so farbenfroh wie am Südrand des Grand Canyon. Der von den Hualapai-Indianern 2007 errichtete und verwaltete Skywalk über dem Rand des Grand Canyon verfügt über einen Glasboden, durch den Mutige 1100 Meter abwärts in die Tiefe der Schlucht blicken können (unten).

KINGMAN

Zwischen den Cerbat Mountains im Norden und den über 2500 Meter hohen Hualapai Mountains im Süden liegt der Verkehrsknotenpunkt Kingman in wüstenähnlicher Landschaft. Nirgendwo an der gesamten Route 66 wurde aber so viel in Nostalgie investiert wie hier. Alte Tankstellen und Snackbars wurden wiederbelebt, Straßenschilder und Wegweiser aus der Versenkung geholt. Quer durch die Stadt erlebt man also das Route-66-Gefühl in Reinkultur. Dass auf dem Gebiet der Stadt schon vor rund 1300 Jahren die Hohokam-Indianer siedelten und unter anderem Türkise suchten, erfährt man im Mohave Museum of History and Arts, das auch eine äußerst umfangreiche Kollektion von Türkisschmuckstücken präsentiert.

Im Mr. D'z Route 66 Diner kann man noch heute essen wie damals. Die Einrichtung ist dabei genauso authentisch wie die Burger und das Root Beer Float, ein für die Region typisches Dessert aus Root Beer und Vanilleeis.

LAKE HAVASU

Zwei Aquädukte, eine Brücke, eine 98 Meter hohe Staumauer und mittlerweile 15 Leuchtturm-Nachbauten: Das sind die Bauwerke, die den Lake Havasu im Nordwesten Arizonas – teils schon auf kalifornischem Gebiet liegend – so attraktiv für Bewohner wie Touristen macht. 1930 begann man mit dem Aufstauen des Colorado River für die Wasserversorgung der trockenen Gebiete Arizonas und Kaliforniens. In zwei Aquädukten wird das Wasser 390 bzw. 540 Kilometer weit bis in diese Regionen geführt. Der 7800 Hektar große See entwickelte sich zu einem beliebten Freizeitgebiet. Für die Bewohner von Lake Havasu City kaufte ein Oligarch 1968 in London eine ausrangierte Themse-Brücke aus 1831. Seit 1971 verbindet die London Bridge die Stadt mit einer künstlichen Insel im See. Leuchttürme bereichern inzwischen die Uferlinie, ihren Originalen ein Drittel so groß nachempfunden.

Bunte Heißluftballon steigen beim jährlichen Ballon Festival in den Himmel und schweben hier direkt über die London Bridge, dessen Geschichte mindestens genauso spektakulär ist, stand sie doch noch bis in die 1960er in London.

LAKE MEAD

Der riesige Stausee ist 185 Kilometer lang und bis zu 180 Meter tief und erstreckt sich über ein weites Gebiet an der Grenze zwischen Arizona und Nevada. Die angestauten Wassermassen des Colorado River reichen vom Hoover Dam bis hin zum Grand Canyon. Zahlreiche Marinas und Erholungsgebiete bieten geradezu ideale Bedingungen für Wassersportler. Im Norden liegt der Overton Beach am gleichnamigen Seitenarm, im Winter ein beliebtes Gebiet für Weißkopfseeadler. Im Süden liegt der Boulder Beach am Boulder Basin, an dem sich auch ein Visitor Center der Boulder Dam National Recreation Area befindet. Mit dem Schaufelraddampfer »Desert Princess« kann man eine kleine Kreuzfahrt auf dem Lake Mead unternehmen.

Benannt nach dem Bauherrn des Hoover Dam, Elwood Mead, ist der See eine Oase in der trockenen Region. Zahlreiche Tier- und Pflanzenarten haben hier ein Zuhause in und an dem klaren Wasser gefunden.

LAKE HAVASU

HOOVER DAM

Ab Kingman sollte man die Route 66 und den Interstate Highway 40 verlassen, um dem Hoover Dam und Las Vegas die Reverenz zu erweisen. Über den Highway 93 sind beide leicht zu erreichen. Der riesige Staudamm bei Boulder City im Black Canyon des Colorado River – er ist insgesamt rund 430 Meter lang, 233 Meter hoch und am Fuß 201 Meter dick – wurde 1931 bis 1936 gebaut und versorgt unter anderem die Strom fressende Kasino-Megalopolis Las Vegas mit der notwendigen Energie für das ewige Glitzern. Er galt lange als der größte Staudamm der Welt. Die 17 Generatoren der Wasserkraftwerke schaffen eine Leistung von knapp zwei Millionen Kilowatt. Mit einem Aufzug können Besucher bis ins Innere der gigantischen Anlage fahren. Am Staudamm gibt es ein großes Visitor Center, in dem man alles über die faszinierenden technischen Details des Bauwerks erfährt.

Futuristisch und antik zugleich wirkt die Anlage des Hoover Dam. In direkter Nähe überspannt die Mike O'Callaghan – Pat Tillman Memorial Bridge den Colorado River (unten). Bei ihrer Fertigstellung 2010 war sie die zweithöchste Brücke Amerikas. Benannt wurde sie zu Ehren des Football-Spielers Pat Tillman, der kurz vorher als US-Soldat fiel, und des ehemaligen Gouverneurs von Nevada Mike O'Callaghan.

Las Vegas, die glitzernde Spielerstadt in Nevada, fasziniert die Besucher seit den 1940er-Jahren mit ihren Kasinos und funkelnden Lichtern. Damals eröffnete Bugsy Siegel, ein berüchtigter Unterweltkönig von der Ostküste, den ersten Spielpalast in dem Wüstennest: das Flamingo Hotel. Das Glücksspiel wurde schon im Jahr 1931 in Las Vegas legalisiert. Es folgte ein Kasino nach dem anderen, und Bugsy Siegel wurde durch (fast) ehrliche Arbeit noch reicher. Die Stadt erwacht erst abends so richtig zum Leben, dann flackern die bunten Neonlichter am Strip, der Unterhaltungsmeile von Las Vegas, und die spielsüchtigen Touristen werden sogar in Tourbussen vorgefahren. In den 1990er-Jahren mutierte Las Vegas zu einem riesigen Themenpark: Weil man erst mit 21 Jahren an einem Glücksspiel teilnehmen darf, wird seitdem die familiengerechte Unterhaltung gefördert.

Stadt der Illusionen – im Spiel wie in der Architektur. Riesige Hotels wie das ägyptisch angehauchte Luxor (unten) sind glitzernde Entertainment-Paläste mit teils eigenen Achterbahnen sowie gigantischen Kasinos. Geöffnet ist immer! Spätestens seit den legendären Auftritten von Frank Sinatra und Elvis gehören die Shows in den Hotels zum Feinsten, das die Entertainment-Industrie zu bieten hat.

»THE VENETIAN« – VENEDIG IM GROSSFORMAT

Dogenpalast, Markusplatz und Gondeln, die übers Wasser gleiten – hier ist Venedig so, wie man es sich landläufig vorstellt. Andernorts wohnt der Gast im Hotel und erlebt die Sehenswürdigkeiten draußen. Doch im »Venediger« ist das Hotel selbst die Attraktion. Man braucht den gigantischen Komplex gar nicht zu verlassen, um perfekt unterhalten zu werden, multikulturell essen zu gehen – und sich obendrein richtig italienisch zu fühlen. Das Motto des mit mehr als 7000 Zimmern zweitgrößten Hotels der Welt ist schon am Eingang konsequent umgesetzt. Keck wölbt sich eine Nachbildung der Rialtobrücke über Straße und künstliche Lagune. Im Hotel gleiten singende Gondolieri unter einem künstlichen Himmel über nachgebildete Kanäle – die allerdings nur knietief sind. Plätze locken mit Boutiquen und Cafés mit italienischem Eis. Wer in dem 1999 erbauten Komplex auf Weltreise gehen will, lässt sich Tigergarnelen im »Tsunami Asian Grill« grillen oder eine Tarte in der »Pinot Brasserie« servieren. Abends locken diverse Live-Shows. Besonders beliebt sind die Darbietungen der irischen Tanztruppe »Lord of the Dance«, bevor es – etwa mit Blick auf den Markusdom – aufs Zimmer geht. Ein Wachsfigurenkabinett von Madame Tussauds bietet obendrein Stars zum Anfassen – der Illusion sind im Venetian keine Grenzen gesetzt.

»THE VENETIAN« – VENEDIG IM GROSSFORMAT

Illusion in Perfektion – das bieten die großen Themenhotels am Las Vegas Strip. Erst wenn dann plötzlich auf der Rialtobrücke eine Rolltreppe fährt, ahnt man, dass es hier mit der Originaltreue nur so lange genau genommen wird, wie es bequem ist. Wer keine Lust auf Italien hat, findet in Sin City auch Pendants aus Paris und New York. Oder wie wäre es mit Wohnen im Märchenschloss oder in einer Pyramide?

KALIFORNIEN

Als einwohnerreichster Bundesstaat der USA übt der Golden State mit seinen ganz unterschiedlichen Landschaften eine magische Anziehungskraft auf Reisende aus. Im trockenen Süden die Grenze nach Mexiko, im Norden die schneebedeckten Berge, der südwestliche Teil bis zur Pazifikküste mit seinen Millionenstädten sowie Traumstränden mit mediterranem Klima: »California« löste schon zu Zeiten des Goldrauschs eine Einwanderungswelle gen Westen aus. Heute ist Los Angeles mit seiner Traumfabrik Hollywood das Mekka für viele Träumer und Silicon Valley gilt als faszinierend innovativ.

Die Skyline von Los Angeles ist durch Filme weltbekannt. Eigentlich hat L. A. sogar drei Orte, an denen sich die Wolkenkratzer konzentrieren: Downtown mit dem Rathaus und den Banken, Westwood mit seinen Bürohochhäusern und Century City mit Medienunternehmen wie MGM.

MOJAVE NATIONAL PRESERVE

Nur dem flüchtigen Blick bleiben die Schönheit und Vielfalt der Mojave-Wüste verborgen. Mit mehr Zeit zeigt sich in der Einsamkeit der scheinbaren Ödnis eine unerwartete Vielfalt. Auf dem Weg zwischen Los Angeles und Las Vegas beherbergt das Mojave National Preserve seit 1994 Canyons und Tafelberge, singende Sanddünen und bizarre Vulkanschlacke-Kegel. Der Hole in the Wall Canyon wirkt wie ein versteinerter Schweizer Käse, Wälder von Josua-Palmlilien oder auch große Mojave-Kakteen strecken ihre Arme in den Himmel – je nach Höhenlage auch in bergigem Gebiet. Ganz unten liegen eine fast kahle Salzpfanne und ein Trockental. Dennoch leben hier zahlreiche Tierarten: vom Dickhornschaf und Eselhasen über Klapperschlangen und Echsen bis zu bunten Zugvögeln. Die meisten Besucher befahren im Allradwagen die historische Mojave Road.

Fast erwartet man, unter drohendem Gewitterhimmel einige trockene Sträucher über die dürre Ebene rollen zu sehen. Aber bei genauem Hinschauen entpuppt sich der Boden als blühender Wildblumenteppich, der in fast silbrigen Farben schimmert. In den weiten Wüstenlandschaften kann es windig werden, und manchmal braut sich auch ein Gewitter am tiefschwarzen Himmel zusammen.

MITCHELL CAVERNS

Zur Blütezeit der Route 66 stellten die Mitchell Caverns eine beliebte Attraktion an der Strecke zwischen Barstow und Needles dar. Wegen ihrer abgelegenen Lage galten sie dennoch als ein verstecktes Juwel der Mojave-Wüste. Die Höhlen aus drei unterschiedlichen Entstehungsphasen waren indes viele Jahre geschlossen. Ende 2017 wurden sie im beschränkten Maße wieder geöffnet, wenn auch nur von freitags bis sonntags. Bei einer Führung durch die Kalksteinhöhlen erfährt man alles Wissenswerte über deren Entstehung im Pleistozän bedingt durch einen stark kohlesäurehaltigen Fluss. Nur zwei der Höhlen sind zugänglich: »Tecopa« (nach einem Häuptling der Shoshonen benannt) und »El Pakiva«, »des Teufels Hütte«. Die dritte Höhle, »Winding Stair«, gilt als zu gefährlich und wird als Trainingsort für Höhlenrettungsteams genutzt.

Wie Eiszapfen aus Kalkstein sehen die Stalagtiten der Mitchell Caverns aus. Die schaurige Beleuchtung verleiht den Höhlen ihr mystisches Aussehen. Bemerkenswert ist, dass die Formationen noch immer wachsen.

AMBOY

Von Amboy aus geht es bereits seit 1883 per Eisenbahn durch die einsame und heiße Mojave-Wüste. Der Ort war der erste Zwischenbahnhof einer Reihe weiterer in alphabetischer Reihenfolge benannter Stationen. Bekannt war Amboy danach vor allem durch die Lage an der Route 66. Berühmt wurde er nach Eroberung der Interstate als »der am meisten links liegen gelassene Ort« an der Mother Road. Skurrile Berühmtheit erlangte Amboy, nachdem es mit seinen zuletzt zehn Gebäuden und vier Einwohnern auf der Onlinehandelplattform »ebay« verkauft werden sollte. 2005 wurde der Verkauf des historischen »Roy's Motel & Café« inklusive des ganzen Ortes besiegelt. Kurios ist auch die Geschichte vom nahe gelegenen Krater als touristisches Highlight: 1940 dachte man an einen nach 10 000 Jahren bevorstehenden Ausbruch, als von dort dunkler Rauch aufstieg. Tatsächlich war aber nur Unrat in Brand geraten.

Eines der bekanntesten Schilder entlang der Route 66 ist das von Roy's Motel & Café (rechts). In der Nähe von Amboy liegt der gleichnamige Krater eines erloschenen Vulkans (unten).

MITCHELL CAVERNS

AMBOY

CALICO GHOST TOWN

Calico liegt etwa 15 Kilometer außerhalb von Barstow. Das typische Westernstädtchen wurde 1881 wegen seiner Silbervorkommen gegründet, über 500 Minen entstanden im Laufe der Zeit. In den Hochzeiten des Schürfens nach Edelmetallen bevölkerten über 1500 Menschen den aufblühenden Ort, bis sich gegen Ende des 19. Jahrhunderts der Abbau wegen der sinkenden Preise für Silber nicht mehr rentierte. Der danach immer mehr zur Geisterstadt verfallende Ort ist dank Restaurierung für den Tourismus heute wieder attraktiv. Viele Gebäude stammen noch aus der Gründerzeit, andere wurden wieder originalgetreu aufgebaut. Auf hölzernen Gehsteigen bummelt man zwischen den Shops im Westernstil. Im Zuge des Wiederaufbaus ist der Stadt mittlerweile ein Themenpark angeschlossen. Die Maggis Mine kann besichtigt werden und eine Fahrt auf der Calico-Odessa Railroad ist möglich.

Auch wenn nicht alle Häuser in Calico noch Originalbauten sind, gibt die Geisterstadt den typischen Eindruck wieder, in einem Westernfilm gelangt zu sein, mit den Holzzäunen und sandigen Wegen. Heute wird es jedoch immer schwieriger, ein menschenleeres Bild der Calico Ghost Town aufzunehmen, denn Touristen beleben die ehemalige Minenstadt wieder zunehmend.

Wenige Ghost Towns (Geisterstädte) sehen so aus wie in Westernfilmen – unheimliche Siedlungen mit klappernden Türen und Unkraut, das vom böigen Wind über die verlassene Main Street getrieben wird. Häufiger sind baufällige Gemäuer, die man kaum noch als Überreste einer Stadt ausmachen kann und die nur in historischen Reiseführern verzeichnet wurden. Kommerziell geführte Geisterstädte, die während der Hochsaison sehr lebendig wirken und von ihrer glorreichen Vergangenheit leben, findet man vor allem in Arizona und New Mexico, auch in Kalifornien und Nevada. Jerome etwa liegt zwischen Flagstaff und Prescott und entstand während eines Goldrauschs. Inmitten der Ruinen blüht ein reger Souvenirhandel. Im Jerome State Park lernt man das Leben der Goldsucher kennen, und im Little Daisy Hotel fühlt man sich in die Zeit des Wilden Westens zurückversetzt. In Goldfield bei Apache Junction blieben vier Minenschächte erhalten. Madrid, südwestlich von Santa Fe am Highway 14 gelegen, wurde 1869 gegründet, erlebte seine Blütezeit aber erst um die Jahrhundertwende. Heute ist die Ghost Town für ihre Kunstgalerien bekannt. Golden in New Mexico gehört zu den malerischsten Geisterstädten. Chloride liegt am Highway 52 in New Mexico und wurde nach den Silberfunden im Jahr 1881 gegründet.

Cuervo, New Mexico (links und linke Seite oben), Mogollon, New Mexico (linke Seite Mitte) und Jerome, Arizona (linke Seite unten) sind allesamt beliebte Anlaufziele für Ghost-Town-Touristen. In der Geisterstadt Steins in New Mexico wirkt es so, als ob die Bewohner Hals über Kopf den Ort verließen. Ihre Habseligkeiten und Erinnerungsstücke haben unverändert überdauert (großes Bild).

BARSTOW

Nachdem die Minen nicht mehr rentabel waren, gingen Städte wie Daggett oder Calico unter. Barstow hingegen, benannt nach dem Eisenbahnunternehmer William Barstow Strong, wuchs weiter zu einer wichtigen Transportstadt heran, die Städte wie Los Angeles, Salt Lake City und Santa Fe verband. Die Route folgte größtenteils dem Mojave River. Noch heute findet alljährlich im Sommer im ausgetrockneten Flussbett ein Wettbewerb im Sandburgenbauen statt. Ganz unter dem Eindruck der Eisenbahn entstanden auch Restaurants und Hotels mit Stilelementen aus dieser Zeit. Die Hotelkette Harvey Houses nimmt dabei noch heute einen zentralen Stellenwert ein. So wurde 1911 in Barstow das auch Casa Del Desierto genannte Harvey House geschaffen, gleich auch mit Ballsaal für lokale Veranstaltungen. Heute enthält es zudem das interessante »Mother Road Route 66 Museum«.

Ein wenig marrokanisches Flair in Kalifornien verbreitet das Harvey House in Barstow, das früher als Restaurant und Hotel genutzt wurde und heute Museen zur amerikanischen Eisenbahngeschichte und zur Route 66 beherbergt.

SAN BERNARDINO MOUNTAINS

Die Stadt San Bernardino liegt bereits im Großraum von Los Angeles und wirkt wie eine Vorstadt dieser Millionenmetropole. Höher hinauf als auf die San Bernardino Mountains kann man in Kalifornien nicht kommen. Der höchste Berg dieses 100 Kilometer langen Gebirgszugs entlang der Mojave-Wüste, der San Gorgonio, ragt 3500 Meter auf. Nur zwei Fahrstunden vom heißen Los Angeles entfernt, bieten die Berge und ihre vielen Flüsse und Seen einen kühlen Rückzugsort für alle Erholungsuchenden. Der Big Bear Lake als größter Stausee mit seiner Uferlänge von über 35 Kilometern hält viele Möglichkeiten zum sommerlichen Freizeitvergnügen bereit. Beim Wandern und Radfahren lässt sich das atemberaubende Panorama auf majestätischen Gipfeln und die würzig-frische Luft der üppigen Kiefernwälder genießen. Bekannt sind die Berge vor allem aber auch für alpinen Wintersport.

Wolken ziehen über die bewaldeten Bergrücken der San Bernardino Mountains. Das üppig grüne Wachstum führte zur Bezeichnung »Sky Island«, mit der man Hochgebirge benennt, deren Flora und Fauna sich deutlich von der umgebenden Ebene unterscheiden.

BARSTOW

SAN BERNARDINO MOUNTAINS

FAST FOOD MADE IN CALIFORNIA

Amerika, speziell Kalifornien, ist bekannt für Fast Food – das schnelle Essen wurde hier erfunden: In San Bernardino – und damit im Einzugsbereich von L. A. – befindet sich das erste McDonald's-Restaurant, gegründet und geleitet von Maurice und Richard McDonald. Die »Hamburger« genannten Brote mit einer Fleischscheibe dazwischen traten von hier aus ihren Siegeszug um die Welt an. Die erste Franchise-Filiale des Schnellrestaurants liegt übrigens genau am anderen Ende der Route 66, in Chicago. Vorläufer der für die USA typischen Esskultur, die in Kalifornien ihren Ursprung hat, finden sich im heute legendären Diner-Kult: Symbol für den wirtschaftlichen Aufschwung der USA nach dem Zweiten Weltkrieg wurden – neben den »Straßenkreuzern« – die »Diner« genannten Schnellrestaurants. Oft außerhalb der Städte und damit gut erreichbar für Reisende liegen die zumeist im auffällig bunten Bonbonstil errichteten Imbissläden, für die vor allem die Route 66 bekannt geworden ist. Die hier üblicherweise servierten Burger sollen heute besser als ihr früher mäßiger Ruf sein. Auf Qualität und Frische der Zutaten wird mittlerweile mehr Wert gelegt. Das täuscht allerdings nicht darüber hinweg, dass das kalorienreiche Fast Food in den USA heute ein ernstzunehmendes Ernährungsproblem darstellt.

Ganz links: Das dritte je eröffnete McDonald's Restaurant ist mittlerweile das älteste noch im Betrieb befindliche und steht in Downey im Los Angeles County. Die Architektur der zwei goldenen Bögen führten zum weltweit bekannten Zeichen der Marke. Links: Auch die Tex-Mex-Fastfoodkette Taco Bell ist heute nicht mehr nur in den Vereinigten Staaten zu finden. Hier eine Filiale in Daly City bei San Francisco.

PALM SPRINGS

Strahlend schön, eine Oase in der Wüste, mehr als 360 Tage im Jahr blauer Himmel und Sonnenschein, ein Ferienparadies, in dem sich viele Prominente tummeln und auch wohnen: Palm Springs stellt einen wahr gewordenen Traum genussvollen Lebens auf höchstem Niveau dar. Touristen profitieren hier von zahlreichen Festivals, Events und Ausstellungen, flanieren am Palm Canyon Drive durch Boutiquen und Galerien, residieren in wunderschönen Hotels, speisen in erlesenen Restaurants und besuchen exklusive Kasinos. Das trockene Klima war ausschlaggebend, als im 19. Jahrhundert das erste Hotel an dem Ort entstand, der auch heute noch Teil eines Reservats für die Cahuilla-Indianer darstellt. Die Bohème, Stars und Sternchen zogen ab den 1930er-Jahren nach Palm Springs. Ungewöhnliche Architektur war die Folge, die teils heute noch bewundert werden kann.

Unten: Auf dem North Palm Canyon Drive bereitet man sich auf das Village Fest vor. Dieses Event verwandelt die Straße jeden Donnerstagabend in einen bunten Markt, auf dem Künster und Entertainer auftreten, Essen, Blumen und Schmuck verkauft werden. Und auch die vielen Geschäfte, Bars und Restaurants des Canyon Drive warten auf Gäste. Für den Autoverkehr ist die Straße dann gesperrt.

JOSHUA TREE NATIONAL PARK

Vor allem in der Dämmerung wirken die berühmten Joshua Trees – auf Deutsch Josuabaum oder Josua-Palmlilie – tatsächlich wie große Menschen, die ihre Arme flehend in den Himmel strecken. Diesen Eindruck hatten die tief gläubigen Mormonen, als sie in dieser Wüste bei Palm Springs die Silhouette des biblischen Helden Josua zu sehen glaubten. Die Pflanzen erreichen hier bis zu 15 Meter Höhe und ein Alter von mehr als 900 Jahren. Das Trockengebiet, in dem sie so ungewöhnlich häufig wachsen, wurde bereits im Jahr 1936 zum Schutzgebiet und 1994 zum Nationalpark erklärt. Auf mehr als 3200 Quadratkilometern umfasst er karge Colorado-Wüste und die höher gelegene kühlere Mojave-Wüste. Im Frühjahr lockt der Park Besucher, wenn zwischen Kakteen große Wildblumenwiesen erblühen und die Joshua Trees ihre Blütenstände enthüllen.

Bildleiste von oben: ein Audubon-Baumwollschwanzkaninchen, ein Wüstenleguan, ein Graufuchs und eine Seitenwinder-Klapperschlange. Neben diesen Tieren sind unter anderen auch das Dickhornschaf und die Kängururatte sowie zahlreiche Vogelarten wie der Steinadler oder der Rennkuckuck im Joshua Tree National Park beheimatet, ganz zu schweigen von den vielen Planzenarten (links und großes Bild).

ANAHEIM

Einst als Farmsiedlung deutscher Aussiedler gegründet, erinnert nur noch das »Heim« im Namen an den europäischen Ursprung. Vom beschaulichen Weinbaugebiet in den 1880er-Jahren hat sich Anaheim in ein sehr amerikanisches Fleckchen Erde verwandelt: Seit 1955 beherrscht einer der größten Vergnügungsparks der Welt die Szenerie, damals baute Walt Disney hier sein erstes Disneyland auf. Ursprünglich nur als amerikanische Kleinstadt im Stil des endenden 19. Jahrhunderts angelegt, hat sich der Park inzwischen auf acht unterschiedliche Themenbereiche vergrößert. Cinderellas Märchenschloss glitzert mit seinen Türmchen dort in der Sonne und die zahlreichen Paraden der mehr als 100 Disneyfiguren erfreuen nicht nur Kinder. Das einstige Dörfchen Anaheim hat sich inzwischen so ausgedehnt, dass es kaum noch von den Stadtgrenzen Los Angeles' getrennt ist.

Ob Schneewittchen oder Micky Maus – in Disneyland werden die beliebten Charaktere lebendig und stehen geduldig für Fotos zur Verfügung (Bilder links). Achterbahnen und Shows sorgen für viel Spaß bei Groß und Klein. Über 60 Attraktionen können im Disneyland Park genutzt werden. Im angrenzenden Disney California Adventure Park fährt man mit den Riesenachterbahnen (unten).

LOS ANGELES

Los Angeles, gern L.A. abgekürzt, ist die zweitgrößte Stadt der USA. Flächenmäßig übertrifft sie alle anderen Metropolen: Über 1200 Quadratkilometer erstreckt sich das Stadtgebiet, das ist einsamer Rekord. Die »Stadt der Engel«, um 1781 als »Pueblo de los Angeles« gegründet und noch im 19. Jahrhundert ein unbedeutendes Dorf, wurde nie zum Schmelztiegel wie New York und bestand schon vor dem Zweiten Weltkrieg aus einer Vielzahl von eigenständigen Siedlungen – damals durch Straßenbahnlinien zusammengehalten. Über 1000 Meilen Schienen wurden aus dem Asphalt gerissen, als das Auto seinen Siegeszug antrat. Inzwischen erstickt das kleine Stadtzentrum im Würgegriff einer Vielzahl von Freeways, die nach allen Seiten aus der Stadt führen. An die spanische Vergangenheit erinnern heute nur noch die Union Station und die Olivera Street.

Markant in ihrer fast bizarr wirkenden Gestalt ist die Walt Disney Concert Hall, die hier inmitten der sie überragenden Wolkenkratzer von Downtown dem Betrachter ins Auge sticht (unten). Links: Der heutige MacArthur Park hieß einst Westlake Park, woran die Anzeige auch immer noch erinnert. Er wurde bereits im Jahr 1880 erbaut und ist jetzt von den modernen Türmen der Downtown umgeben.

LOS ANGELES: BÜHNENSZENE UND THEATERLANDSCHAFT

Wer an Kultur in Los Angeles denkt, hat meist Hollywood im Sinn. Doch die Stadt hat wesentlich mehr zu bieten als Filmindustrie: Jede Woche feiert sie rund 20 Premieren auf ihren Bühnen, mehr als 1100 Theaterproduktionen laufen im Jahr. Hier arbeiten viele Sternchen am großen Durchbruch zum Star. Auch Tänzer, Sänger und Musiker zieht es auf die Bretter, die die Welt bedeuten: Jeder sechste Einwohner ist im Bereich Kunst oder Kultur beschäftigt, der Titel »Kreativ-Hauptstadt der Welt« ist wohl zutreffend. Dabei gehört das Los Angeles Music Center mit vier Spielorten zu den größten der USA, mehr als 1,3 Millionen Besucher kommen pro Jahr: Für Musik ist die spektakuläre Walt Disney Concert Hall zuständig, Heimat des Philharmonischen Orchesters und des 120-köpfigen Meisterchors, – und der Dorothy Chandler Pavilion, wo Plácido Domingo als Opernchef glänzt. Die Schauspielsparte des Music Center bedienen das große Ahmanson Theatre mit bekannten Dramen und großen Shows sowie das Mark Taper Forum mit Kammerbühnencharakter. Mitten in den Hollywood Hills lockt das John Anson Ford Amphitheatre seit 1920 ohne Unterbrechung Theaterbegeisterte an. Nicht zu vergessen ist die Royce Hall, gilt sie doch als die »Carnegie Hall von L.A.«

Großes Bild: 1931 öffnete das Fox Theater in Westwood Village. Nicht nur wegen seines markanten weißen Turms wurde es schnell zum Wahrzeichen des Viertels. Viele Filmpremieren fanden hier statt. Bildleiste von oben: The Tubes im Pershing Square in Downtown L. A.; Lee Rocker von den Stray Cats im Pershing Square. Kleine Bilder von links: Sting in der Hollywood Bowl; das Bradbury Building.

LOS ANGELES: WALT DISNEY CONCERT HALL

Schimmernde Stahlplatten, quer übereinandergeworfen – so wirkt Frank O. Gehrys große Konzerthalle aus der Ferne. Und immer wieder anders, je nach der Farbe des Himmels, nach Licht und Schatten. Amerikas Stararchitekt für extreme Formen sah in seinem Design ein abstraktes segelndes Schiff. Dessen Bauphase zog sich über 16 Jahre hin, sodass Walt Disneys Witwe Lilian, die das Projekt mit 50 Millionen Dollar initiiert hatte, die Eröffnung 2003 nicht mehr miterlebte. Am Ende waren rund 274 Millionen privater und öffentlicher Gelder verbaut. Heute finden 2265 Menschen Platz im Gebäude, um dem »L. A. Philharmonic Orchestra« und dem »L. A. Master Chorale« zu lauschen. Die Akustik ist derart exzellent, dass erst hier – nach dem Umzug – alte Druckfehler in Notenblättern auffielen. Bleibt die äußere Form auch umstritten, so finden jedenfalls Fotografen ein Motiv-Paradies.

LOS ANGELES: WALT DISNEY CONCERT HALL

Die markanten und außergewöhnlichen Formen, für die die Bauwerke von Frank O. Gehry auf der ganzen Welt bekannt sind, lassen sich auch an dieser Konzerthalle bestaunen. Im Inneren entsteht durch die Verschachtelungen und die ineinandergeschobenen Räume ein eigenwilliges und faszinierend neues Raumgefühl. Das Konzertprogramm reicht von der Klassik über Jazz bis hin zur Weltmusik.

L. A. SPORTS: DODGERS UND LAKERS

Baseballbegeisterung gehört zu Kalifornien wie Hollywood und der San-Andreas-Graben. Der Sport verdankt seine Entstehung dem englischen Cricket, erinnert deutsche Augen vor allem an den Schlusport Brennball. Ein Spiel dauert oft stundenlang und gleicht eher einem Picknick; die Leute unterhalten sich, essen und scheinen nur beiläufig dem Spielgeschehen zu folgen. In keinem anderen US-Bundesstaat gibt es so viele Baseball-Spitzenvereine wie in Kalifornien. Vor allem die »Dodgers« haben hier die Zuschauerherzen gewonnen. Der Verein, der heute zu den beliebtesten der Stadt gehört, füllt regelmäßig seine 56 000 Zuschauer fassende Arena. Im Ballpark auf den Rängen zu sitzen, mit einer Portion Popcorn in der Hand, ist für viele Besucher ein Eintauchen in die amerikanische Kultur. Ebenfalls höchste sportliche Begeisterung rufen die »Los Angeles Lakers« hervor. Hier ist auch das Engagement des Publikums größer; es wird angefeuert und erbittert »Defense« geschrien. Wenn die Lakers Basketball spielen, sitzen oft Berühmtheiten wie Jack Nicholson oder Leonardo DiCaprio im Publikum. Immerhin 16 Meistertitel haben die Lakers schon geholt und gehören damit nach den »Boston Celtics« zu den erfolgreichsten Mannschaften der USA.

Eine spezielle Rivalität im Sport herrscht, wenn Mannschaften aus Los Angeles und San Francisco aufeinandertreffen. Die Baseball-Derbys der L. A. Dodgers gegen die Giants aus San Francisco sind tolle Feste im Dodger Stadium (links). In der NBA sitzen die Konkurrenten der L. A. Lakers in Miami, New York, San Antonio oder in der eigenen Halle: Mit den Clippers besitzt L. A. ein zweites Basketballteam.

LOS ANGELES: BEVERLY HILLS

Noch vor 80 Jahren lebten die Bauern hier vom Anbau der Limabohnen, heute residieren hier die größten Stars der USA. Madonna, Keanu Reeves oder Halle Berry kauften sich in Beverly Hills einige der vornehmsten Anwesen der USA, selbst Michael Jackson hat hier einst gewohnt. Nirgendwo in den USA ist die Dichte der Reichen und Schönen höher. Das Gebiet, das sich wie eine eigenständige Insel in die Stadt Los Angeles einfügt, wartet nicht nur mit berühmten Einwohnern auf, sondern auch mit der Vergnügungsmeile Sunset Strip sowie der teuersten Einkaufsstraße der Welt, dem Rodeo Drive. Die Häuser der Prominenten gehören zu den größten Attraktionen der 30000-Einwohner-Stadt, die sogar über eigene Landkarten mit eingezeichneten Staradressen verfügt. Und als wäre die Stadt noch nicht reich genug, befindet sie sich über einem großen Ölfeld, das bis heute aktiv genutzt wird.

Stilvolle Fassaden der Boutiquen am Rodeo Drive zeugen nicht gerade von Understatement. Hier wird geklotzt, nicht gekleckert. Sämtliche Luxusmarken sind vertreten. Filmfans kennen die Einkaufsstraße natürlich von der berühmten Szene aus »Pretty Woman«, in der Julia Roberts' Figur unsanft der Geschäfte verwiesen wird. Gleich um die Ecke steht dann auch das Wilshire Hotel, in dem ein Großteil des Films spielt.

Kaum ein Ortsname regt mehr zum Träumen an als »Hollywood«. Allein die weltbekannten 16 Meter hohen weißen Buchstaben auf den Ausläufern des Santa-Monica-Gebirges wecken Sehnsüchte – dabei waren sie um 1910 als Werbemaßnahme findiger Makler gedacht, um das einstige Ödland zu besiedeln. Schon in den 1920er-Jahren hatten sich Pferdeställe in Filmateliers verwandelt, viele Regisseure zogen aus New York an den Pazifik, weil die Tage länger, das Wetter schöner und die Statisten günstiger als an der Ostküste waren. Hollywood avancierte flugs zur Filmhauptstadt der Welt, Fernsehserien wurden ebenso produziert wie erfolgreiche Musiktitel. Heute sind viele der Studios weitergezogen nach Burbank und Culver City. Geblieben sind Filmparks und Museen, die Kulissen und Kostüme der Kassenschlager zeigen, sowie die letzte große Filmgesellschaft, Paramount Pictures.

Auch wenn Namen wie Sunset Boulevard Glamour verheißen, geht es in Hollywoods Straßen doch nicht so luxuriös zu wie im Nachbarstadtteil Beverly Hills. Aber der Mythos lebt noch immer: Das zeigt auch eine übergroße Reklametafel für Zigarettenwerbung, die es schon so lange gibt. Aber auch Straßenmusiker finden sich hier ein (links). Das eine oder andere Straßencafé lädt zur Stärkung ein (unten).

LOS ANGELES: WALK OF FAME

Lassie hat hier ebenso einen Messingstern bekommen wie der Filmhund Rin Tin Tin: Die Vierbeiner reihen sich ein in die Galerie der Stars, die auf dem »Weg des Ruhms« verewigt sind. Die Erinnerungsplaketten pflastern zwischen 18 Häuserblöcken eine komplette Straße, wer dort seinen Namen im Asphalt findet, hat es geschafft. Mehr als 2500 Sterne zieren inzwischen die Strecke zwischen Yucca Street und Sunset Boulevard, Burt Lancaster gehörte zu den ersten Namen auf den Messingsternen. Eingeführt wurden sie im Jahr 1958, um der Stadt Hollywood eine touristische Aufwertung zu geben. Hier sollten Menschen, die auf den Spuren der Stars wandelten, tatsächlich auch Erinnerungen der Filmgrößen finden. Damit die Messingplatten strahlen wie am ersten Tag, hat sich inzwischen eine Bürgerinitiative gebildet, die die Platten regelmäßig auf Hochglanz poliert.

Trägt man dieselbe Schuhgröße wie Marilyn Monroe oder George Clooney? Hier gibt's die Antwort! Über die Sterne läuft wohl jeder mit dem Blick auf den Boden gerichtet. Unten links: das Hollywood & Highland Shopping Center.

LOS ANGELES: UNIVERSAL STUDIOS

Echte Rennautos kleben senkrecht an der Hausfassade, wenig später taucht King Kong hinter der Balustrade auf, und hinter der Idylle im Palmengarten verbergen sich gefährliche Dinosaurier. Rund um die Studios der Filmfirma Universal betreten die Besucher die Welt der Illusion. Das Gelände, das 1912 noch eine große Hühnerfarm war, öffnete schon zu Stummfilmzeiten seine Studios für Besucher. Bei den späteren Tonaufnahmen allerdings mussten die Zuschauer fernbleiben. Erst 1964 öffnete sich die Fabrik der Träume wieder für Gäste und Rundfahrten. Heute explodieren dort Holzfestungen aus dem Klassiker »Waterworld« in getakteter Regelmäßigkeit, Erdbeben werden simuliert und eine Bahn durchfährt einen dreidimensionalen Simpsons-Film. Von der Tiershow über Achterbahnfahrten bis hin zu einem reich bestückten Filmmuseum reicht das Angebot des Freizeitparks.

Beliebt ist die Studio Tour, bei der man durch viele Originalkulissen geführt wird. In kleinen Waggons fährt man zu kompletten Filmsets und kann Schauspielern beim Dreh zusehen.

LOS ANGELES: WALK OF FAME

LOS ANGELES: UNIVERSAL STUDIOS

LOS ANGELES: VENICE BEACH

Nur viereinhalb Kilometer ist er lang, doch Millionen von Besuchern machen diesen Pazifikstrand samt trubeliger Promenade zu einem der beliebtesten Ausflugsziele der USA. Auf dem »Ocean Front Walk« ist immer Betrieb: Hier treffen Fitnessfans auf Straßenkünstler, Hipster begegnen Touristen und das Meer gehört den Surfern. Skater und Radler flitzen über eigene Wege, Basketballer punkten auf hohem Niveau und Bodybuilder üben unter freiem Himmel am »Muscle Beach«. Vor dieser Kulisse kleiner Läden und bunter Graffiti-Wände fallen Exzentriker gar nicht weiter auf. Der sonnenverwöhnte Strand liegt vor Venice, das 1905 als beliebter Badeort mit Kanälen wie in Venedig entstand. Später verfiel es, wurde vom nahen Los Angeles eingemeindet und lockte Künstler an. Sie brachten die Wende, und heute ist das Viertel saniert und verströmt wieder sein spezielles Flair.

LOS ANGELES: VENICE BEACH

An diesem Strand mit seinem schönen weißen Sand geht es sehr sportlich zu. Hier haben viele Fitnessstudios ihre Geräte unter freiem Himmel aufgebaut. Daher hat sich der Strand seinen Beinamen »Muscle Beach« verdient. Bilder links: Trendsportler finden am Venice Beach beste Voraussetzungen. Die modernen Anlagen versprechen coole Sprünge, Drehungen und Akrobatik, ob auf dem Brett oder mit dem Rad.

SANTA MONICA

An diesem Strand scheint sich die Welt schneller zu drehen als anderswo. Inlineskater sausen über die Promenade, Jogger laufen in farbenfrohen Outfits im Schatten der Palmenallee – und im Hintergrund kreist ständig das große Riesenrad. Schmale Designerhäuser mit schrillen Farbakzenten säumen die Strände. Wer in Santa Monica am Strand unterwegs ist, der erlebt US-Ferienatmosphäre, wie man sie aus den Spielfilmen kennt. Tatsächlich sind hier berühmte Streifen wie »Baywatch« und »Forrest Gump« gedreht worden, und in der Main Street wurde das Skateboardfahren erfunden. Heute sind die windreichen Strände beliebt bei Surfern. Kunstliebhaber hingegen zieht es eher ins Hinterland zum Santa Monica Museum of Art oder gar in das Bergamot Station Arts Center. Unbestrittener Star der Museen ist aber das Getty Center in Brentwood.

Auch wenn die am Strand gelegenen, bunt angestrichenen und säuberlich gepflegten Villen farbenfroh um die Wette leuchten und so Ruhe, Frieden und kalifornisches Idyll ausstrahlen, herrscht an Santa Monicas Strand reges Treiben. Wer es sich leisten kann, liegt gemütlich auf einem Liegestuhl auf der beschaulichen Holzveranda, schlürft einen sommerlichen Drink und genießt das Leben.

SANTA MONICA: PIER

Sie ist das Wahrzeichen von Santa Monica, ein echter Klassiker und mehr als 100 Jahre alt. Ursprünglich standen hier zwei Piere nebeneinander, die später zusammenwuchsen: Die lange schmale Municipal Pier wurde 1909 eröffnet und diente vor allem als Gerüst für die Abwasserpipeline von Santa Monica. Die kürzere Pleasure Pier daneben entstand 1916 und beherbergte schon von Beginn an einen kleinen Vergnügungspark. Aus jenen Anfangsjahren stammt auch noch das wunderschöne Karussell mit den 44 handgeschnitzten Pferden. Der wohl meistfotografierte Platz ist das Eingangsportal, das mitsamt Brücke in den 1930er-Jahren gebaut wurde – im Rahmen einer Arbeitsbeschaffungsmaßnahme während der Großen Depression. In jener Zeit standen die Fahrgeschäfte allerdings still, weil die Besucher ausblieben. Nach dem Krieg kaufte die Stadt die Pier und es ging stetig bergauf.

Die Santa Monica Pier mit dem Vergnügungspark ist weithin sichtbar, und vom Riesenrad aus hat man eine herrliche Sicht auf den Ozean einerseits und auf West Los Angeles andererseits. In dem Park gibt es außerdem ein historisches Karussell aus den 1920er-Jahren, ein Aquarium und viele verschiedene Geschäfte, Bars und Restaurants. In den Sommermonaten finden Freiluftkonzerte, Tanzabende und Partys statt.

SANT
End

Ein symbolträchtiges Schild weist an der Pier von Santa Monica auf das Ende der berühmten Straße hin – dahinter kommt nur noch das Meer.

REISEATLAS

2451 Meilen Nostalgie: Obwohl die Route 66 offiziell nicht mehr existiert, zieht deren historische Streckenführung dennoch zahlreiche Besucher an, die auch mal das Gefühl erleben wollen, auf der legendären »Mother Road« zu fahren. Von Chicago am Lake Michigan aus führt die Strecke durch acht US-Bundesstaaten, bis sie am Pazifik in Santa Monica endet. Knapp 4000 Kilometer Strecke liegen dann hinter den Reisenden – und jede Menge amerikanische Geschichte. Abstecher rechts und links der Interstates führen zudem zu fantastischen Naturspektakeln und urigen Städten.

Bei Roy's Motel & Café im kalifornischen Amboy sind noch die alten Markierungen der Route 66 auf der Straße zu sehen. Das Kultcafé gehört mittlerweile einem japanischen Investor.

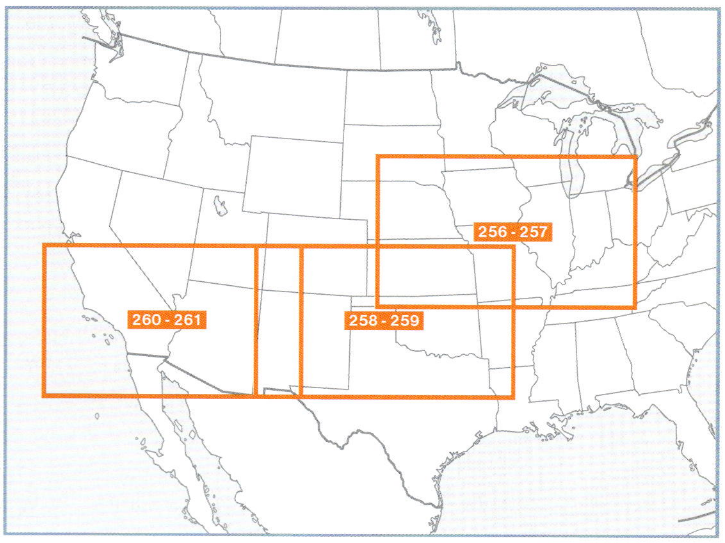

ZEICHENERKLÄRUNG ZU DEN KARTEN 1: 3 600 000

- Route 66
- Autobahn
- 4- oder mehrspurige Straße
- Fernstraße
- Wichtige Hauptstraße
- Hauptstraße
- Nebenstraße
- Piste
- Autofähre
- 34 Entfernungsangaben in Meilen
- Eisenbahn

- PAN AM Panamericana
- 5 395 198 Straßennummern
- Internationale Grenze
- Verwaltungsgrenze
- National- und Naturpark
- Internationaler Flughafen
- Nationaler Flughafen
- Mt. Whitney 4418 Berg mit Höhenangabe

PIKTOGRAMME

Berühmte Reiserouten

- Autoroute
- Bahnstrecke

Naturlandschaften und -monumente

- UNESCO-Weltnaturerbe
- Gebirgslandschaft
- Felslandschaft
- Schlucht/Canyon
- Erloschener Vulkan
- Depression
- Höhle
- Gletscher
- Flusslandschaft
- Wasserfall/Stromschnelle
- Seenlandschaft
- Wüstenlandschaft
- Nationalpark (Landschaft)
- Nationalpark (Flora)
- Naturpark
- Küstenlandschaft
- Wildreservat
- Zoo/Safaripark
- Strand
- Insel
- Unterwasserreservat

Kulturmonumente und -veranstaltungen

- UNESCO-Weltkulturerbe
- Indianerreservation
- Indianische Pueblo-Kultur
- Indianische Kulturstätte
- Christliche Kulturstätte
- Kulturlandschaft
- Historisches Stadtbild
- Imposante Skyline
- Burg/Festung/Wehranlage
- Technisches Monument
- Herausragende Brücke
- Staumauer
- Denkmal
- Grabmal
- Mahnmal
- Sehenswerter Leuchtturm
- Weltraumbahnhof
- Spiegel- und Radioteleskop
- Feste und Festivals
- Museum
- Theater
- Olympische Spiele

Bedeutende Sport- und Freizeitziele

- Rennstrecke
- Skigebiet
- Segeln
- Kanu/Rafting
- Windsurfen
- Wellenreiten
- Badeort
- Mineralbad/Therme
- Freizeitpark
- Spielcasino
- Pferdesport

Die Karten auf den folgenden Seiten zeigen die Staaten des US-amerikanischen Westens mit der Routenführung der Route 66 im Maßstab 1 : 3 600 000. Die geografischen Details werden durch viele touristische Informationen ergänzt; zum einen durch das ausführlich dargestellte Verkehrsnetz, zum anderen durch Piktogramme, die Lage und Art aller wichtigen Sehenswürdigkeiten und Freizeitziele bezeichnen. Touristisch interessante Städte sind farblich hervorgehoben. Auch die von der UNESCO zum Welterbe gezählten Monumente sind besonders gekennzeichnet.

Oben: Die alte Tankstelle in Cool Springs, Arizona, wurde liebevoll restauriert und bietet Vorbeireisenden jetzt auch einen Souvenirshop.

Maßstab 1:3 600 000
0 25 50 Kilometer
0 15 30 Meilen

Berühmte Reiserouten
- Autoroute
- Bahnstrecke
- Route 66

Herausragende Naturlandschaften und Naturmonumente
- UNESCO-Weltnaturerbe
- Gebirgslandschaft
- Felslandschaft
- Schlucht/Canyon
- Höhle
- Vulkan erloschen
- Flusslandschaft
- Wüstenlandschaft
- Depression
- Nationalpark (Landschaft)
- Nationalpark (Flora)
- Naturpark
- Wildreservat
- Zoo/Safaripark
- Küstenlandschaft
- Strand

Herausragende Metropolen, Kulturmonumente und -veranstaltungen

- UNESCO-Weltkulturerbe
- Christliche Kulturstätte
- Indianerreservation
- Indianische Pueblo-Kultur
- Indianische Kulturstätte
- Kulturlandschaft
- Historisches Stadtbild
- Imposante Skyline
- Burg/Festung/Wehranlage
- Technisches/industr. Monument
- Staumauer
- Denkmal
- Weltraumbahnhof
- Spiegel- und Radioteleskop
- Museum
- Theater

Sport- und Freizeitziele

- Rennstrecke
- Segeln
- Wellenreiten
- Pferdesport

Maßstab 1:3 600 000
0 25 50 Kilometer
0 15 30 Meilen

Berühmte Reiserouten
- Autoroute
- Bahnstrecke
- Route 66

Herausragende Naturlandschaften und Naturmonumente
- UNESCO-Weltnaturerbe
- Gebirgslandschaft
- Felslandschaft
- Schlucht/Canyon
- Höhle
- Vulkan erloschen
- Flusslandschaft
- Wüstenlandschaft
- Depression
- Nationalpark (Landschaft)
- Nationalpark (Flora)
- Naturpark
- Wildreservat
- Zoo/Safaripark
- Küstenlandschaft
- Strand

Herausragende Metropolen, Kulturmonumente und -veranstaltungen

- UNESCO-Weltkulturerbe
- Christliche Kulturstätte
- Indianerreservation
- Indianische Pueblo-Kultur
- Indianische Kulturstätte
- Kulturlandschaft
- Historisches Stadtbild
- Imposante Skyline
- Burg/Festung/Wehranlage
- Technisches/industr. Monument
- Staumauer
- Denkmal
- Weltraumbahnhof
- Spiegel- und Radioteleskop
- Museum
- Theater

Sport- und Freizeitziele

- Rennstrecke
- Segeln
- Wellenreiten
- Pferdesport

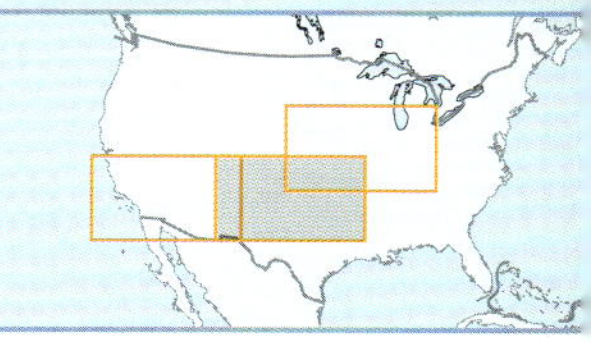

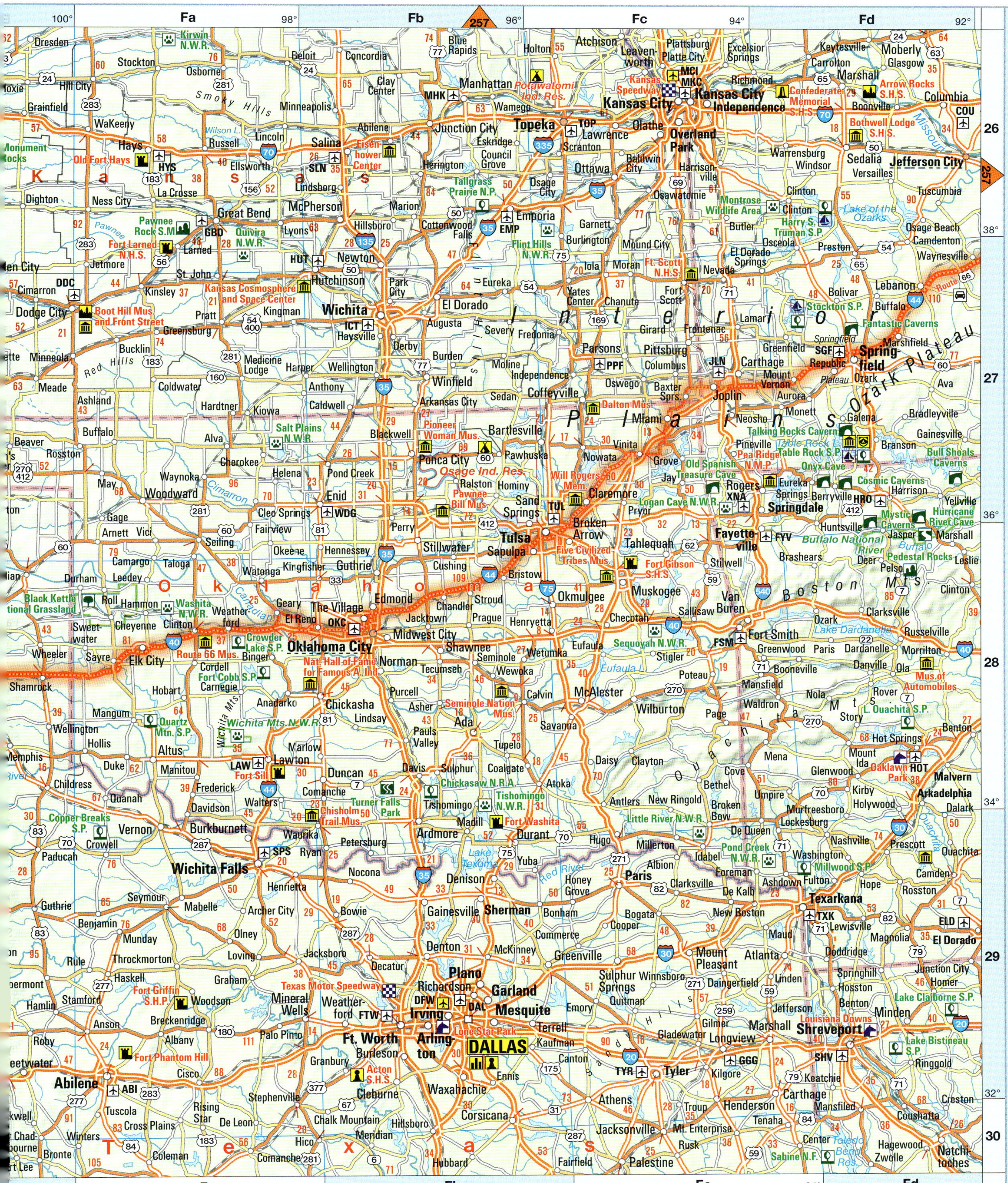

Maßstab 1:3 600 000
0 25 50 Kilometer
0 15 30 Meilen

Berühmte Reiserouten
- Autoroute
- Bahnstrecke
- Route 66

Herausragende Naturlandschaften und Naturmonumente
- UNESCO-Weltnaturerbe
- Gebirgslandschaft
- Felslandschaft
- Schlucht/Canyon
- Höhle
- Vulkan erloschen
- Flusslandschaft
- Wüstenlandschaft
- Depression
- Nationalpark (Landschaft)
- Nationalpark (Flora)
- Naturpark
- Wildreservat
- Zoo/Safaripark
- Küstenlandschaft
- Strand

Herausragende Metropolen, Kulturmonumente und -veranstaltungen

- UNESCO-Weltkulturerbe
- Christliche Kulturstätte
- Indianerreservation
- Indianische Pueblo-Kultur
- Indianische Kulturstätte
- Kulturlandschaft
- Historisches Stadtbild
- Imposante Skyline
- Burg/Festung/Wehranlage
- Technisches/industr. Monument
- Staumauer
- Denkmal
- Weltraumbahnhof
- Spiegel- und Radioteleskop
- Museum
- Theater

Sport- und Freizeitziele

- Rennstrecke
- Segeln
- Wellenreiten
- Pferdesport

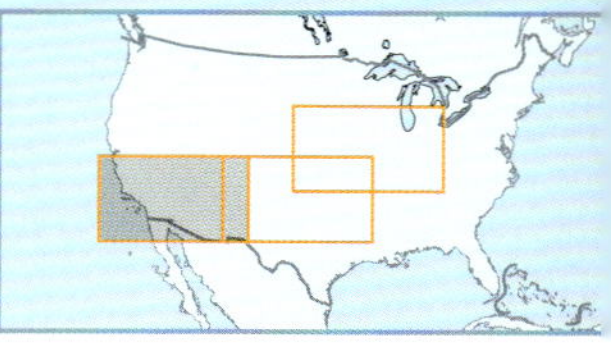

REGISTER

BILDNACHWEIS/IMPRESSUM

C = Corbis; G = Getty Images; M = Mauritius Images

Cover: G/Alan Copson (Route 66 Restaurant in Santa Rosa, New Mexico); G/Mantonature (Route-66-Schild)

S. 2/3 C/Steven Vidler, S. 4/5 G/Charles Harker, S. 6/7 G/Alan Copson, S. 8/9 Look/Andreas Strauß, S. 10/11 G/Kirk Mastin, S. 12/13 G/Peter Unger, S. 14/15 G/Richard Cummins, S. 18 G/Susanna Fieramosca Naranjo, S. 18 M/Alan Copson, S. 19 G/Steve Parry, S. 19 G/Steve Parry, S. 20 M/Alamy, S. 20 G/Alan Copson, S. 20/21 G/Blaine Harrington III, S. 21 M/Alamy, S. 21 M/Alamy, S. 21 G/Ted Soqui, S. 22/23 G/Jerome Gorin, S. 24 G/Yves Andre, S. 25 G/Panoramic Images, S. 26/31 G/Jon Hicks, S. 27–30 G/Panoramic Images, S. 31 G/RudyBalasko, S. 32/33 C/Stefano Amantini, S. 33 C/Raimund Koch, S. 34/35 C/Franz-Marc Frei, S. 35 C/Murat Taner, S. 36 G/Bob Krist, S. 36/37 C/Bob Krist, S. 37 G/Sandy Felsenthal, S. 37 G/Robert Holmes, S. 38/39 C/Stefano Amantini, S. 39 C/Bob Krist, S. 39 C/Stefano Amantini, S. 40/41 G/Joe Daniel Price, S. 41 G/Glowimages, S. 41 C/Bob Krist, S. 42/43 G/Bob Stefko, S. 43 G/David Bank, S. 43 M/Alamy, S. 43 M/Alamy, S. 43 G/Franz-Marc Frei, S. 44/45 G/Jeremy Kohm, S. 45 G/Richard T. Nowitz, S. 45 G/Richard T. Nowitz, S. 45 M/Alamy, S. 45 G/Richard T. Nowitz, S. 45 G/Richard T. Nowitz, S. 46 G/Gary Dineen, S. 46/47 G/Jonathan Daniel, S. 47 G/Fernando Medina, S. 48 G/Tim Bieber, S. 48 G/benkrut, S. 48/49 G/JamesTung, S. 49 M/Henryk Sadura, S. 49 G/fotoguy22, S. 50 G/Dennis Macdonald, S. 50/51 M/Alamy, S. 51 G/Alan Copson, S. 52/53 M/Alamy, S. 53 M/Alamy, S. 53 M/Alamy, S. 54/55 M/Alamy, S. 55 M/Alan Copson, S. 56/57 G/Joe Daniel Price, S. 57 G/Panoramic Images, S. 57 G/Walter Bibikow, S. 57 G/Barry Winiker, S. 57 G/skodonnell, S. 58/59 G/Lightvision, LLC, S. 59 G/Panoramic Images, S. 60/61 G/Eddie Brady, S. 61 G/Rick Gerharter, S. 61 G/Rick Gerharter, S. 61 G/Eddie Brady, S. 62 M/Michael Szönyi, S. 62/63 M/Michael Szönyi, S. 63 M/Alamy, S. 63 M/Michael Szönyi, S. 64 G/Education Images, S. 64 G/Education Images, S. 64/65 G/Education Images, S. 65 G/Education Images, S. 66/67 G/miroslav_1, S. 68 G/SteveClever, S. 68 G/SteveClever, S. 68 G/SteveClever, S. 68 M/Alamy, S. 68 M/Alamy, S. 69 G/munst64804, S. 69 M/Alamy, S. 70/71 C/Alan Copson, S. 71 G/Walter Bibikow, S. 71 G/Terrance Klassen, S. 71 Look/age, S. 72/73 M/Alan Copson, S. 73 G/Buyenlarge, S. 73 M/Alamy, S. 74/75 Look/Franz Marc Frei, S. 75 A/Rob Bartee, S. 76/77 M/Alamy, S. 78 M/Alan Copson, S. 78 M/Alan Copson, S. 79 M/Alamy, S. 79 M/Alan Copson, S. 80/81 G/Panoramic Images, S. 81 G/Phil Schermeister, S. 82 M/Alamy, S. 82/83 M/Alamy, S. 83 M/Alamy, S. 83 M/Alamy, S. 84 G/Alex Grichenko, S. 84/85 M/Alamy, S. 85 M/Walter Bibikow, S. 85 M/Walter Bibikow, S. 85 G/Walter Bibikow, S. 86/87 G/Danita Delimont, S. 87 G/Jeremy Woodhouse, S. 88/89 G/Walter Bibikow, S. 89 G/JTSorrell, S. 89 M/Alamy, S. 89 M/Alamy, S. 90 G/traveler1116, S. 90 Look/age, S. 90 G/Murat Taner, S. 91 M/Robert Harding, S. 91 G/Walter Bibikow, S. 92/93 M/Alamy, S. 93 M/Alamy, S. 93 G/John Elk, S. 93 G/KatieDobies, S. 94/95 M/Christian Heeb, S. 95 M/Tim Fitzharris, S. 95 G/Tim Fitzharris, S. 96/97 G/Danita Delimont, S. 97 G/Justin A. Morris, S. 97 G/Justin A. Morris, S. 97 G/Justin A. Morris, S. 98/99 G/Peeter Viisimaa, S. 99 M/Alamy, S. 99 M/Alamy, S. 100 M/Dennis MacDonald, S. 100/101 G/Richard Cummins, S. 101 M/Alamy, S. 102 G/Stephen Saks, S. 102 M/Alamy, S. 103 G/Car Culture, S. 103 M/Alamy, S. 104/105 G/Tim Fitzharris, S. 105 G/Warren Price, S. 105 Look/Minden Pictures, S. 105 G/BDphoto, S. 105 G/zrfphoto, S. 105 G/Gary Kemp, S. 106/107 C/Terry Eggers, S. 107 G/Danita Delimont, S. 108/109 M/Alamy, S. 109 Look/Design Pics, S. 109 Look/Design Pics, S. 110/111 Look/Design Pics, S. 112/113 Look/Aurora Photos, S. 113 M/Alamy, S. 114 C/CinemaPhoto, S. 114 C/Sunset Boulevard, S. 114/115 C/Lynn Goldsmith, S. 115 C/Adam Woolfitt, S. 115 C/John Springer Collection, S. 115 C/Sunset Boulevard, S. 116/117 G/Richard Cummins, S. 118/119 M/Alamy, S. 119 G/Pamela Valente, S. 120/121 G/DenisTangneyJr, S. 121 G/DenisTangneyJr, S. 122 G/Panoramic Images, S. 122 G/Bill Heinsohn, S. 123 M/Peter Giovannini, S. 123 M/Alamy, S. 124 G/Dean Fikar, S. 124/125 M/Alamy, S. 125 M/Alamy, S. 126/127 M/VIEW Pictures, S. 127 G/Panoramic Images, S. 128 M/Alamy, S. 128 M/Alamy, S. 129 M/Alamy, S. 129 M/Alamy, S. 130/131 M/Richard Maschmeyer, S. 131 G/JannHuizenga, S. 131 M/Alamy, S. 132 M/Alamy, S. 132/133 M/Alamy, S. 133 Look/Robertharding, S. 133 M/Richard Cummins, S. 134/135 M/Alamy, S. 135 G/Paul Chesley, S. 135 M/Alamy, S. 135 Look/age, S. 136 M/Alamy, S. 136 M/Alamy, S. 136 G/Bill Bachmann, S. 136/137 M/Alamy, S. 137 M/Alamy, S. 138/139 G/Greg Vaughn, S. 139 M/Alamy, S. 140/141 M/Alamy, S. 141 M/Alamy, S. 141 M/Michael Szönyi, S. 142/143 G/Ian Shive, S. 143 C/Tim Fitzharris, S. 144 M/Alamy, S. 144/145 M/Alamy, S. 145 M/Alamy, S. 146 G/ivanastar, S. 146 G/ivanastar, S. 146 G/ivanastar, S. 146/147 G/Witold Skrypczak, S. 147 M/Alamy, S. 148/149 C/Ed Gifford, S. 149 C/Karen Huntt, S. 149 A/George H.H. Huey, S. 149 G/David Hiser, S. 149 C/George H.H. Huey, S. 149 G/Witold Skrypczak, S. 150/151 M/Alamy, S. 151 M/Alamy, S. 151 M/Alamy, S. 152/153 G/Massimo Strazzeri, S. 152/153 G/Peter Unger, S. 153 G/Peter Unger, S. 153 G/Peter Unger, S. 154/155 M/Minden Pictures, S. 155 G/Eric Lowenbach, S. 155 M/Horst Mahr, S. 155 M/Horst Mahr, S. 155 M/Horst Mahr, S. 155 G/Panoramic Images, S. 156 G/Kevin T. Levesque, S. 156 G/UIG, S. 156 G/UIG, S. 157 G/Panoramic Images, S. 157 G/Mark Williamson, S. 158/159 G/Pawel Gaul, S. 160/161 C/Jim Zuckerman, S. 161 C/Tim Fitzharris, S. 161 C/Nik Wheeler, S. 162/163 Look/age, S. 163 G/Marc Dozier, S. 163 G/B.S.P.I., S. 163 G/Marc Dozier, S. 163 M/Paolo Koch, S. 164/165 M/Alamy, S. 165 M/Alamy, S. 165 M/Alamy, S. 165 M/Alamy, S. 166/167 C/George H.H. Huey, S. 167 C/Yva Momatiuk & John Eastcott, S. 167 G/Alan Copson, S. 167 C/Kevin Schafer, S. 167 C/Yva Momatiuk & John Eastcott, S. 168/169 G/Larry Knupp, S. 170 M/Alamy, S. 170/171 G/Bob Stefko, S. 171 G/Mark Newman, S. 172/173 M/Danita Delimont, S. 173 M/Alamy, S. 173 M/Danita Delimont, S. 174/175 G/Peter Unger, S. 175 G/Peter Unger, S. 175 G/Peter Unger, S. 176/177 M/Alamy, S. 176/177 G/David Zanzinger, S. 178/179 G/frankix, S. 178/179 G/frankix, S. 179 G/Panoramic Images, S. 179 G/Panoramic Images, S. 180/181 G/Luís Henrique Boucault, S. 181 M/Alamy, S. 181 G/sprokop, S. 182 C/Tim Fitzharris, S. 182 M/Alamy, S. 183 C/Tim Fitzharris, S. 183 M/Alamy, S. 184/185 G/ApMadoc, S. 185 Look/age, S. 186/187 G/SuperStock, S. 187 G/Jeffrey Murray, S. 188–191 G/Michele Falzone, S. 192 M/Udo Siebig, S. 192 G/Stephen Saks, S. 193 Look/Elan Fleisher, S. 193 G/Kevin T. Levesque, S. 194/195 G/Steven Kriemadis, S. 195 G/Matthew Micah Wright, S. 196/197 M/Alamy, S. 197 A/Tom Hanslien, S. 198 G/AngelMcNall, S. 198 G/Rainer Grosskopf, S. 199 M/Alamy, S. 199 G/Robert Harding Productions, S. 200/201 G/Ascent Xmedia, S. 201 G/Asa Almer, S. 202/203 C/Ed Darack, S. 203 C/Scott Harrison, S. 204/205 M/Egmont Strigl, S. 205 C/Raimund Koch, S. 205 M/Egmont Strigl, S. 206/207 G/Chiara Salvadori, S. 208/209 G/Michael Melford, S. 209 C/Tim Fitzharris, S. 210 G/Eric Lowenbach, S. 210 M/Alamy, S. 211 G/Kevin T. Levesque, S. 211 M/Alamy, S. 212/213 G/Peter Unger, S. 213 G/Peter Unger, S. 213 G/Peter Unger, S. 214 A/Robert Harding World Imagery, S. 214 G/Richard Cummins, S. 214 G/Witold Skrypczak, S. 214/215 C/Richard T. Nowitz, S. 215 G/Richard Cummins, S. 216/217 M/Alamy, S. 216/217 G/Jena Ardell, S. 218/219 M/Alamy, S. 219 G/Allard Schager, S. 219 G/Bloomberg, S. 220/221 Look/age, S. 221 G/Jeff Greenberg, S. 221 G/Harold Wilion, S. 222/223 G/Casey Kiernan, S. 223 G/Casey Kiernan, S. 223 C/John & Barbara Gerlach, S. 223 M/Chris Mattison, S. 223 M/Alamy, S. 223 G/estivillml, S. 224/225 C/Ann Johansson, S. 225 G/Bloomberg, S. 225 G/Paul A. Hebert, S. 226/231 C/Scott Stulberg, S. 227–230 G/Shabdro Photo, S. 231 C/Richard Cummins, S. 232/233 C/Richard Cummins, S. 233 C/Erik Ward, S. 233 C/Erik Ward, S. 233 G/Lonely Planet Images, S. 233 A/Visions of America, LLC, S. 234/235 C/Richard Bryant, S. 235 A/JRC, Inc., S. 235 C/Ted Soqui, S. 236 C/Icon Sports Media, S. 236/237 C/Adam Davis, S. 237 C/Joseph Sohm, S. 238 C/Richard Cummins, S. 238 G/Glowimages, S. 238/239 G/Martin Kreuzer, S. 239 G/Panoramic Images, S. 240/241 Look/Hendrik Holler, S. 241 G/Lou Jones, S. 241 M/Christina Czybik, S. 242 M/Christina Czybik, S. 242 C/Sergio Pitamitz, S. 242 M/age, S. 242 M/Christina Czybik, S. 242/243 C/Richard Cummins, S. 242/243 G/Gavin Hellier, S. 244/245 G/Az Jackson, S. 245 Look/Thomas Stankiewicz, S. 245 G/MichaelSvoboda, S. 246/247 G/Walter Bibikow, S. 247 C/Jean-Pierre Lescourret, S. 248/249 G/Ian Cumming, S. 249 G/Panoramic Images, S. 250/251 G/Patrick Eoche, S. 252/253 M/Alamy, S. 254/255 M/Alamy.

St.-Cajetan-Straße 41
81669 München
Tel. +49 89 45 80 20-0
Fax +49 89 45 80 20-21
www.kunth-verlag.de
info@kunth-verlag.de

Printed in Slovakia

Text: Sabine Welte, Andrea Lammert, Dörte Saße, Annika Voigt
Redaktion: Jennifer Künkler

Alle Fakten wurden nach bestem Wissen und Gewissen mit der größtmöglichen Sorgfalt recherchiert. Redaktion und Verlag können jedoch für die absolute Richtigkeit und Vollständigkeit der Angaben keine Gewähr leisten. Der Verlag ist für alle Hinweise und Verbesserungsvorschläge jederzeit dankbar.